絕非浪得虛名的印度洋之珠

文／李滋男（前外交部駐模里西斯代表）

雖曰序文，實為導讀，希望諸位能對模里西斯有多一層認識。篇幅容或稍長，尚請見諒，多多包涵！

模里西斯為印度洋上的一個小島國，與法國所屬之留尼旺相去不遠。該島位於馬達加斯加島以東約九百公里，距離非洲東海岸兩千兩百公里，面積兩千零四十平方公里，約為台灣的十八分之一。東西最長距離六十五公里，南北最長四十五公里，海岸線有著綿延一百六十公里長的白色沙灘，整座島嶼被世界第三大的珊瑚群環繞，舉目望去，碧海藍天，宛如人間仙境。

模里西斯之所以被稱為印度洋之珠，絕非浪得虛名。每年五月至十一月為冬季，微寒、乾燥，十二月至四月為夏季，炎熱、潮溼。嚴格說來，有如台灣的春秋兩季，非常舒適。夏季期間，雖偶有颱風（cyclone）來襲，為時亦不過數小時而已。

根據模里西斯歷史文獻記載，荷蘭海軍上將范·瓦爾維克（Van Warwyck）於一五九八年率船登陸，並將該島命名為模里西斯（Mauritius），一六三八年開始殖民，持續二十年，引進甘蔗、家畜與鹿，至一七一〇年放棄。法國於一七一五年殖民統治模里西斯，並將島名改為法蘭西斯島（Ile de France、island of France），一七三五年開始發展蔗糖種植業，並將路易士港發展成航海業和造船業中心。糖業所需勞工均由非洲大陸與馬達加斯加引進。英國於一八一〇年英法戰役中獲勝，占領模島，法國嗣於一八一四年〈維也納條約〉將此地正式讓與英國，惟於約文第八條明定，島上居民保有在民事和刑事審判中所使用的法律、風俗習慣與宗教信仰。英語雖為官方語言，但在日常生活中所流通的語言，主要是模里西斯土語（克里歐語）和法語。時至今日，報紙和電視節目仍然使用法語，〈人人都是三聲道〉一節就有詳細說明。其中之奧妙，實在令人費解。

英國接管後，將該島名稱恢復

為模里西斯，統治期間最大的行政措施，即於一八三五年廢除奴隸制度，解放了原有的非洲奴工，對當地社會經濟和人口變革有著很重要的影響。首先，蔗糖種植園主轉向印度與亞洲其他地區引進勞工，從一八三五至一九二一年間，大約有五十萬名印度勞工來模，從事甘蔗種植業、製造業、運輸業與建築業。此外，中國廣東梅縣亦有將近三萬名客家人移民至此。客家族群向以勤勞刻苦著稱，人數雖少，但團結力強，很快就在各領域展露頭角並發揮「鯰魚效應」，帶動了整個國家社會向前發展。

模里西斯於一九六八年三月十二日宣布獨立，仍為大英國協成員，尊英國國王為國家元首，總督代表行使權力。一九九二年三月改為共和國（Republic），實行議會民主制度，總統為虛位元首，任期五年，由國民議會間接選舉產生。總理掌握行政實權。

模里西斯人口約一百二十餘萬人，由多樣種族組成，主要為印度裔（約七成）、非洲裔、華裔與法裔。二〇二二年估計之GDP，總計一一二．六三億美元，人均八千八百九十二美元。

模里西斯雖為彈丸小國，卻躋身非洲三大富國，實屬不易。全國經濟主要由以下四項產業支撐：一、製糖業，蔗糖種植面積幾達全國三分之一可耕地，早期國際糖業組織甚至以固定價格收購模國蔗糖，致使其製糖工業長期發展，維持不墜。二、成衣紡織業，模國政府師法高雄楠梓加工出口區開發成功之先例，於一九七〇年設立加工出口區（EPZ），引進外資設立成衣紡織工廠。Cindy父親管世金先生（Robert Koon）早年來台學習中文，曾在貿易公司任職多年，習得經營之道。與林琦珍小姐結婚不久即返回模里西斯創立成衣製造工廠，為許多國際知名品牌代工。由於待人誠懇親切，廣結善緣，同時對產品管制要求相當嚴格，甚得客戶信賴與喜愛，業務蒸蒸日上，訂單源源湧進，馬上在模里西斯紡織業界占有一席之地。只可惜，管先生英年早逝，十年前撒手人寰，每憶及故友，心中仍至深哀傷感慨！三、觀光業，模里西斯真可謂得天獨厚，全島為白色沙灘環繞，以至於觀光事業特別發達。清一色的五星級度假村，國際知名飯店散布島嶼沿岸。在台灣頗負盛名的互助營造公司，洞察先機，援用設立老爺酒店之理念，早在三十二年前即插旗模國，在西部海岸中部地區開設 Sofitel Hotel。我從民國八十五年三月出任駐模里西斯代表處代表將近五年之久，曾在該飯店「明宮」舉辦五次國慶酒會，僑界人士、台商、模國多位部長及國會議員約兩百餘人與會。承蒙林清波董事長與廖萬應副董事長之厚愛與捧場，每年均在酒會接近尾聲之際，在海灘施放將近兩分鐘之煙火，以示慶賀。在賓主盡歡之氛圍下，為節慶畫下圓滿句點。四、金融服務業，在模里西斯僑界中，唯一能被尊稱為領袖或泰斗者，非朱梅麟爵士莫屬。一九七〇年代，朱梅麟父親由廣東梅縣移民至模里西斯，開設雜貨店。朱爵士二十歲時便已開設一家便利商店（ABC），後擴展為多元化的ABC集團，包含食品、船務及物流、汽車及銀行、金融發展業。朱氏待人誠懇，熱心公益，二戰期間因日軍潛艦阻斷海路，他為華人社群供給食物，並協助政府設法改善糧食短缺的困境。一九六八年進入內閣擔任財政部長，一九八〇年獲英國女王伊莉莎白二世冊封為爵士，並於一九九一年獲教宗約翰保祿二世頒授爵士銜。模國政府為表彰其貢獻，特於一九九八年將他的肖像印在模國二十五盧比的紙幣上。ABC集團開設銀行，為模國金融業開啟先河。隨後在經濟高度發展後，銀行界如雨後春筍，競相成立，造就了盛極一時的投資者所稱的避稅天堂。

Cindy 小我二兒子一歲，同樣為模國 Le Bocage International School 校友。畢業後赴美國就讀波士頓大學。隨後回到母親的故鄉台灣，夫婿亦為台灣人，在台工作。Cindy 為完成父親的遺願——經營模里西斯旅遊業與著書，經過多年台模兩地奔波，憑藉著她與生俱來的「土著」觀察能力，終於讓她揭開了模國的神祕面紗，書中所列諸多夢幻美景，說句老實話，我雖在模國居住將近五年之久，對三分之一以上的景象卻感到陌生，慚愧之至！最感驚訝的是，我在之時，模國僅有 Gymkana、Paradis 及 Constance Bell Mare Plage 三座高爾夫球場而已，如今短短二十二年間已擴增為十一座完整十八洞世界級錦標賽高爾夫球場，進步之神速，足證模國旅遊業之發達，實令人嘆為觀止！

法國人不失為浪漫民族，殖民統治模里西斯僅一百年，還比英國少了半世紀，但不知是「舊情難忘」抑或「情有獨鍾」，對於模里西斯始終難以忘懷。相傳法國人認為，有生之年至少要到模國旅遊一次，甚至多次才是「不虛此生」，就如同回教徒終其一生必須到沙國回教聖地麥加或麥地那朝覲一次之宗教信仰。模里西斯究竟有何「魔力」令人著迷？細閱此書必可分曉。個人有幸為本書寫序，一來告慰故友在天之靈，二來為 Cindy 孝心與願望予以肯定與嘉勉。

一本因為追尋自我歸屬而來的旅遊書

文／洪伯邑（臺灣大學地理環境資源學系教授）

「我不像地理課本那樣平鋪直敘介紹模里西斯，也不像旅遊攻略那樣分析哪個活動CP值最高、哪家網紅餐廳值得去，因為我認為旅行方式不只一種……」

非常喜歡Cindy書中的這段文字。的確，「旅行方式不只一種」，如同我自己做為一個地理學家，四處旅行很多時候都帶著研究的課題，就像我到模里西斯，藉著旅行試著理解台灣與模里西斯從過往到當代的牽連。也因此，研究的動機讓我認識了Cindy，也開啟了我對模里西斯認識的起點。

關於台灣與模里西斯過往到現在的種種，Cindy的家儼然就是個縮影。模里西斯是印度洋上殖民與移民交錯的島嶼國家，Cindy的家在這樣時空交錯的緣分裡，爺爺是廣東梅縣客家人、奶奶是印度人，爾後爸爸到台灣唸書認識媽媽，他們家也成為在模里西斯經營事業的台商，到今日Cindy開始自己的旅遊事業。這些故事，豐富了我到模里西斯旅行進行的研究課題；但對Cindy而言，這些故事的背後，是她追尋自我歸屬的過程，是從原本陌生、試著逃離，到最後認識了解、從「心」愛上模里西斯的人生經歷！

Cindy把這一番人生經歷化成書寫文字的口吻；如果要形容這樣的書寫口吻帶給讀者什麼樣的感受？我感覺就如同我們自己要介紹自己家鄉的好，給第一次到訪的朋友那樣，熱情裡帶著真誠！字裡行間，Cindy像領著第一次來自己家的好朋友那般，除了熱切地分享家鄉模里西斯有什麼值得看、值得品味的，也不時用「在地人」才有的小撇步，衷心給予叮嚀與建議，比如說，當地「旅館的新穎度比品牌重要」等等。

也因為Cindy在自我歸屬追尋的過程中，包含了對模里西斯這個島國人文歷史的了解，因此當我們隨著書中內容環遊模里西斯時，Cindy也以文字將自己化身為深度旅遊的導覽者，告訴我們模里西斯特有的風土民情。例如，為什麼模里西斯人生來就至少會法語、英語和克里歐語？廣袤的甘蔗田與殖民歷史、蘭姆酒之間又有什麼樣的關係？Cindy 的書寫裡帶著一種恰到好處的知性；說恰到好處是因為畢竟這不是地理課本，而是在翻閱文字搭配精美絕倫彩色照片的同時，於不知不覺間讓讀者獲取關於模里西斯的知識。

我想，這是一本因為追尋自我歸屬而來的旅遊書，雖然台灣與模里西斯看似遙遠，但對 Cindy 而言卻是成就她歸屬最親近的兩個地方。而今，Cindy 用這本書試著拉近台灣與模里西斯的距離。如果旅行者到遠方總帶著某種追尋的目的，那麼當「遠方」的物理距離無從改變，旅行者追尋的心，便是將「遠方」拉近到自己生命經歷的動力。一起打開這本書，也讓自己啟程往遠方的模里西斯靠近！

一次機緣下認識了本書作者Cindy，吸引我的除了她亮眼的外表與爽朗的笑聲，更讓我好奇的是她說住在模里西斯，然後自己笑著說：「就真的是很少人知道的地方～」當時我認真聽她描述，對這神祕夢幻的國度產生了好奇，心底也悄悄萌了芽，也許某天就去會會這傳說中的天堂島嶼。得知Cindy要出書，真為她開心，收到書稿時迫不及待拆開信封，第一眼就被封面吸引住了，再翻開序，才拜讀了一小段話就完全被感動了！美麗的地方住著Cindy腦海中的美好故事，值得我們細細品味！

——陳子蘭（腦跡諮詢師、家庭教育工作者）

目次

關於模里西斯……

「模里西斯」！

聽到這四個字的人，第一個反應通常都是「這哪裡啊？」，簡直比陌生還要陌生。真正聽過的，多半是因為模里西斯在二〇一八年前都還是投資者常用的避稅天堂。

位處印度洋西南方的模里西斯靠近非洲第一大島馬達加斯加島，位於馬達加斯加島以東約八百公里處，主要由本島模里西斯島（Mauritius）與羅德里格斯島（Rodrigues）組成。國土面積不大，從北到南約九十公里，從東到西約六十公里，差不多新北市大小。人口約一百二十萬人。

模里西斯全名模里西斯共和國（Republic of Mauritius），和馬爾地夫群島（Maldives）與塞席爾島（Seychelles）被譽為印度洋上最耀眼的三大明珠。

或許你看到了關鍵字「海島」，沒錯，說穿了，模里西斯就是個海島。「海島不就是陽光、沙灘和水上活動嗎？」，這樣的立即聯想通常也會在此時閃過多數人的腦袋。

的確，台灣人熟悉的海島多到不計其數，但鮮為台灣人所知的模里西斯和許多單純的海島大不相同。身為度假海島，陽光沙灘與海上運動當然不在話下，但除此之外，模里西斯還飽含了自然環境和人文歷史，是個可以同時一次滿足諸多旅行願望的國家。

老實說，模里西斯的觀光客向來以歐洲上流階層占大宗，它的名聲在歐洲早已如雷貫耳，散布在島嶼沿岸漂亮海灘旁的度假村幾乎清一色都是五星級。舉凡國際知名奢華飯店品牌或當地特色旅館集團，各有千秋。這些度假村不只占地廣，走在裡面會迷路，服務更好得不用說，從踏進度假村大門那一剎那就會讓你瞬間忘卻世俗煩惱，只剩下唯我獨尊的感覺。在歐洲人心中，模里西斯擁有崇高地位，是最讓人嚮往的高級度假與蜜月勝地。

為什麼模里西斯如此不一樣？

我在模里西斯長大，深深感受到它擁有某種特殊的魔力，會讓任何踏上這個國家的人著迷、動心。曾在網路上看過一句令我印象深刻的話：「如果旅行像尋寶，特殊的文化與景觀，就是許多旅人願意一再回到當地反覆追尋的寶藏。」模里西斯極具表現力的文化與民族，正是印度洋最多樣化的文化萬花筒，豐富獨特的文化則是那個會讓人愛不釋手的寶藏。

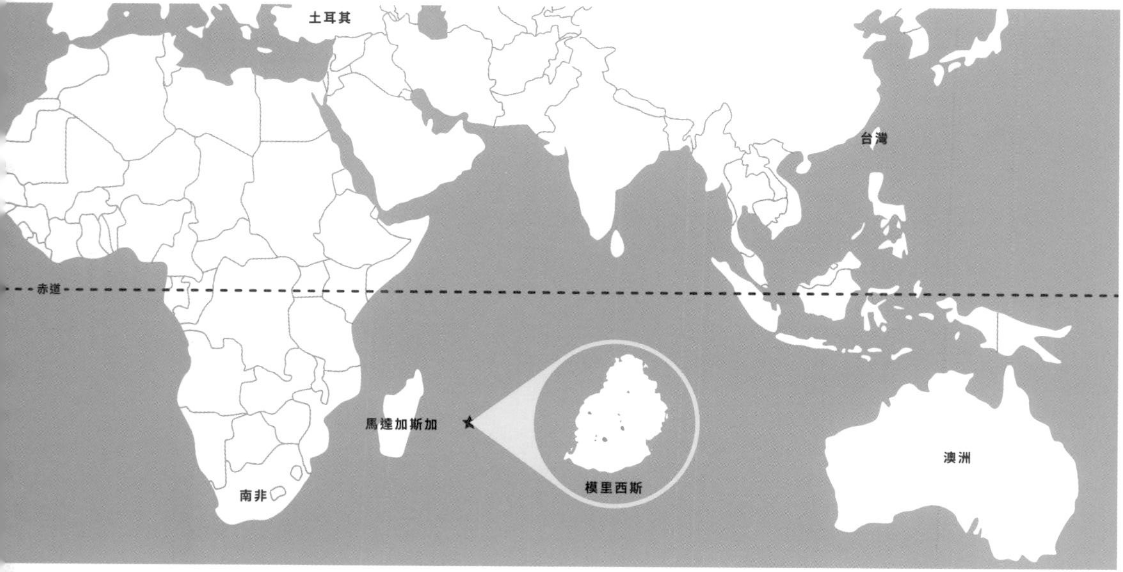

最常在網路上看到描寫模里西斯的一句話就是大文學家馬克．吐溫說的「天堂是依照模里西斯的樣子刻畫出來的」，有了知名人士背書，模里西斯名正言順坐上了「天堂原鄉」寶座。

模里西斯獲得的獎項和頭銜同樣族繁不及備載。「全球最佳島嶼大獎」、「印度洋最美海灘」、「世界五十大必遊仙境」、「最佳結婚勝地」，知名旅遊指南《孤獨星球》也曾把模里西斯列為前十大最佳旅遊國家和此生必去國家之一！

玩轉
模里西斯

世界頂級奇景
海底瀑布

模里西斯是八百萬年前火山爆發而成的島嶼，四周被全世界第三大珊瑚群島圍繞。地質雖然相對年輕，火山活動卻造就了島上千姿百態的豐富地形，更孕育出許多讓人嘆為觀止的奇景，擁有得天獨厚的自然風光。

模里西斯的地形走勢是從南部陡升到中部往北緩降，除了南部一小段海岸線以外，整個島幾乎都被全世界第三大珊瑚群島包圍。海浪長期淘洗珊瑚和貝殼之下，模里西斯因此擁有綿延一百五十公里的純白沙灘。

有「世界奇景」之稱的海底瀑布則位於模里西斯西南部。看似藏在海平面以下的瀑布，其實並非真正的瀑布，而是珊瑚礁缺口。由於沒有珊瑚礁，海岸的沙在洋流驅使下就會流向海底縫隙，落入海洋深處。當陽光反射海底的流動泥沙時，就會製造出宛如瀑布的錯覺。

圖中周邊白色的波浪就是海浪打上珊瑚礁產生的，也因為珊瑚礁，大浪進不來岸上。而且最奇妙的是，不知道是不是珊瑚礁把味道也擋了下來，模里西斯的海邊沒有「海」的味道！漂亮的海邊或許不稀奇，但站在海邊卻聞不到海的海草味、頭髮不會因為海的鹽巴被風吹得黏黏的或打結，夠厲害吧！

海底瀑布從沙灘上看不到，只能從高空俯瞰。目前模里西斯有搭乘直升機看海底瀑布的自費活動，雖然行程會受到天氣狀況和其他因素影響，成功坐上直升機很碰運氣，但有機會看到的話，真的是此生無憾。

大自然的奧妙簡直難以言喻。身臨其境親眼目睹這壯觀的奇景，將感受到一股震撼與感動。那不僅來自於美景本身的壯麗，更包含了對大自然的敬畏和崇敬。

上帝的調色盤 七色土

七種顏色同時存在的世界奇景「七色土」（Chamarel Seven Colored Earth）位於模里西斯中部夏瑪瑞高原（Chamarel）。

七色土的形成原因是幾百萬年前不同時期火山爆發後的岩漿，因為岩漿裡面殘留金屬物質，經雨水沖刷開來後遇到空氣氧化，再經太陽折射，最後產生不同顏色的結果。不同天氣、不同角度、不同光線，抑或不同的時間，都會呈現不一樣的風采。

模里西斯曾有一個關於七色土的傳說：很久以前，一個小男孩跟著彩虹進入天堂的入口。離開之後，小男孩念念不忘天堂的景象，祈求上帝讓他再一次回到天堂。上帝不忍心拒絕，便向地面撒了一把七彩粉末，讓小男孩在人間也能看到和天堂一樣的景色。

二十幾年前走訪七色土山丘可以站在山丘上照相，但是太多人偷偷把不同顏色的土放進罐子帶回家當裝飾品，政府現在把七色土圍了起來，只能繞著周圍走。

不同的角度或不同的陽光折射下來，七色土產生的顏色就很不一樣。陽光愈強，顏色愈分明、愈漂亮。若碰巧是個陰天，老實講，看過去還真的就是一坨泥土山丘，因為看不太出來顏色的不同。漂亮的七色土有時也得靠運氣！

最佳散步去處

鹿洞火山口

模里西斯既是火山爆發而成的島嶼，島上肯定少不了火山口，鹿洞火山口（Trou aux Cerfs）就是其中最具代表性的，也是模里西斯島形成的起源地。目前模里西斯的火山都因為沒有地下岩漿的活動，從以前專家定義的「休眠火山」演變成現今地質學家稱的「死火山」。

鹿洞火山口的深度約八十公尺，之所以名為「鹿洞」，是因為以前曾經有很多鹿在此出沒。由於長期未噴發，火山口最底端因長年雨水聚集，形成了一個天然湖泊，湖邊長出了茂盛的熱帶灌木叢。

鹿洞火山口位於模里西斯中央高原鳩比市（Curepipe）上方，天氣好的話，視野相當遼闊，鳩比市街道全景盡收眼底。來到火山口現場時，由於是從上往下俯瞰，只能遠遠看到中間那個天然小湖泊，但還是感受得到置身於一個完整清晰如盆狀的火山口上方。

鹿洞火山口除了是觀光客走訪的景點之一，優越的地理條件更是政府設置氣象雷達站以偵測颱風動向的最佳地點（照片右側很像一個大寶特瓶的藍色建築）。火山口邊緣如今已規劃成可繞行一圈的步道，沿途並設置長椅。許多當地人沒事就來火山口散步，正常行走速度大概二十分鐘就可以繞完，是否出乎你的意料呢！

探險者的天堂！熔岩管

火山活動通常會產生熔岩管，熔岩管是熔岩洞的一種，只有在火山活動很特別的情況下才會產生。熔岩管道是在熔岩流內部自然形成的管道，當液態熔岩流在流動時，由於表面冷卻較快，形成能夠保溫的固體硬殼，但硬殼內部的熔岩流溫度依然很高、流速也夠快，從而形成了熔岩管道。

熔岩管道往往深入地下內部，形成各種各樣的地下洞穴世界，有些看起來宛如外星球場景。模里西斯全島有超過六十個留下紀錄的熔岩管，還有好幾個保存完好的熔岩管可以讓人入內一探究竟。

模里西斯所有熔岩管中，最知名的是黑石熔岩管（Roche Noire Lava Tube），坐落於模里西斯東北部的布拉斯加國家公園（Bras d'Eau National Park）內。雖說洞穴開放給所有人，但洞內伸手不見五指，如果想進洞一探究竟，除了好奇心，膽量也千萬不能少，而且最好聘請當地導覽。導覽員除了會解說洞內生態，也會帶你在互相連接的熔岩管之間穿梭，不然方向感不好的話，還是很有可能在裡面迷失方向。出門在外，安全至上！

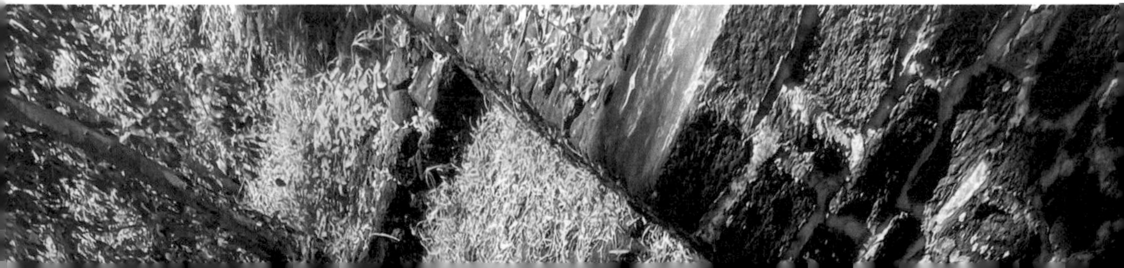

史詩般的鬼斧神工
瀑布們！

模里西斯的地形豐富，多山多谷，間接刻畫出許多壯麗的瀑布。

七色土旁邊有著自由女神像落差高度的「夏瑪瑞瀑布」（The Chamarel Waterfalls）、擁有空靈清幽森林的「五百英尺瀑布」（Cascade 500 Pieds）、隱匿在密林之間的「東南大河瀑布」（GRSE Waterfall）、擁有特殊長方形切面的「羅切斯特瀑布」（Rochester Falls），還有從綠意簇擁的塔瑪瑞瀑布（Tamarind Falls）衍生出來的七座天然瀑布泳池，每一個都是世外桃源般的瀑布祕境。

有些瀑布經由簡單的步道即可抵達瀑布上方往下俯瞰，想前往瀑布最下方則需要專業領隊帶領，也會花上一些腿力和時間，但喜愛大自然生態旅遊的人絕對不該錯過。

夏瑪瑞瀑布

羅切斯特瀑布

五百英尺瀑布

塔瑪瑞瀑布

見證歷史的所在

阿普拉瓦西．加特移工轉運站

模里西斯國土面積不大，卻有兩個聯合國教科文組織認證過的世界文化遺產。第一個就是位於首都路易士港，於二〇〇六年登錄的阿普拉瓦西．加特移工轉運站（Aapravasi Ghat Immigration Depot）。

在英國殖民時期，這個移工轉運站是招聘的契約勞工檢查健康狀況與等待發放的地方，當初有約莫五十萬名印度契約勞工從這裡登陸模里西斯，既見證了模里西斯現今的人口組成，也造就了今日模里西斯人口一百二十萬中有約六十七％印度人的局面。

這個轉運站最大的象徵和意義不只如此，它還代表了當年契約勞工們離開家鄉前往異國工作時所攜帶的記憶、傳統和價值觀。

轉運站整個建築群中，只有三座石頭建築的部分遺跡倖存，約莫原始建築的十五％。同一地點後來蓋了一間歷史博物館，館內能了解更多之前的歷史事件，也可以看到很多當時的文物包括菸斗、藥瓶、蘭姆酒瓶，以及考古發掘期間發現的其他遺骸。

自由與平等的象徵

莫恩山文化景觀

模里西斯第一個聯合國教科文組織認證的世界文化遺產是二〇〇八年登錄的莫恩山文化景觀（Le Morne Cultural Landscape）。

莫恩山位於模里西斯西南端，是一座海拔五百五十六公尺的玄武岩山。由於位置偏僻、地形陡峭，整座山充斥著懸崖峭壁與茂密樹林，是當初法國殖民時期不堪虐待而逃跑的黑奴最佳藏身地點。若干年後，殖民者改成英國人，廢除了奴隸制度，山中黑奴卻不知道已經改朝換代，以為前來告知的警察是要來抓捕自己。生命與自由之間面臨抉擇，沒多做考慮，一個一個從山上跳了下去。

如此歷史背景，讓人揪心。為了紀念這些爭取自由的靈魂，也為了抵制奴隸制度、提醒世人每一個人都平等，模里西斯政府於二〇〇三年向聯合國教科文組織遞交世界文化遺產申請，二〇〇八年始獲登錄。

每次來到莫恩山腳望著山上，想著當初那一群勇敢的人，都覺得模里西斯人團結的情感很大一部分來自於此。雖然彼此祖先的種族不一樣，但都不想再經歷同樣的苦難與折磨，因此尊重彼此各自的宗教和價值觀，並以身為模里西斯的人民為傲。

美麗又優雅～紅頂教堂

　模里西斯不只風景優美，文化歷史氣息也非常濃厚，而且往往隨手一拍就是明信片等級的景色，比如大名鼎鼎的紅頂教堂（Red-Roof Church）。

　紅頂教堂位於模里西斯最北端一個稱為厄運角（Cap Malheureux）的地方。這個海角之所以被冠上這麼不吉利的名稱，是因為過去有很多艘船隻因天候不佳而在周圍海域沉沒。另一方面，此地是英法戰爭時期英國軍隊登陸突襲，導致法國最後戰敗的主因，在歷史上占有很重要的地位。

　紅頂教堂建於一九三八年，是一個天主教聖母院教堂，每個星期六晚上和星期日早上都有彌撒儀式。教堂臨海，地理位置相當優越，藍天白雲下，伴隨著紅頂，十分美麗！近年有很多新婚夫妻選擇在紅頂教堂舉辦婚禮、拍婚紗照。

　天氣好時，在紅頂教堂後方的海邊就能欣賞到模里西斯北部那幾座離島的壯麗風光。其中最有名的離島是庫萬得米爾島（Coin de Mire），又稱砲台島，是一座形似砲台的島嶼，也是潛水和賞鯨的好地方。

大灣

迷人的翡翠色調

大灣（Grand Bay）曾是一座沉睡的漁村，現在則被稱為北部的蔚藍海岸，是個繁華的港灣小鎮。

大灣是個傳統與現代的美麗綜合體，三面為陸地環繞，沿著港灣形成一片蜿蜒的白色沙灘，天氣好時，海平面會因為陽光而產生一種不可思議的藍色與綠色漸層色調，叫人無比驚豔，也是浮潛與深潛的勝地。又因為海灣裡的海浪相對平穩，各式各樣的遊艇紛紛前來停泊，絢麗卻不喧囂。

除了翡翠水域的迷人景色，大灣岸邊還有很多餐廳、酒吧、咖啡館、畫廊、紀念品商店，是模里西斯最多觀光客聚集的地方，白天的大灣更是購物愛好者的天堂。在大灣的日落大道購物中心可以找到傳統的當地商店，也有現代化的購物中心和全球品牌商店。到了晚上，夜總會的燈光亮起，整個大灣隨著音樂的節奏跳動，活力四射！

第一間購物中心
海濱廣場

海濱廣場（Caudan Waterfront）是模里西斯第一個大型購物中心，建造於一九九六年，位於首都路易士港港口第一排，享有壯麗的港口景色。

一開始的海濱廣場只有美食廣場、商店、電影院、傳統市集、賭場、餐廳和書店，二〇一八年擴增，建造了島上第一間藝文中心，各種公共藝術和文化活動，包括戲劇、音樂會和表演，都在這個非常現代化的空間裡舉辦。

如今的海濱廣場可謂模里西斯指標性的購物和娛樂場所，擁有一流的飯店和餐廳。除了一百多家精品商店，也是當地藝術家的手工藝品中心。二〇二二年重新裝潢的手工藝品中心氛圍比以往更加舒適溫馨，可以找到很多紀念品之外，更能親眼欣賞藝術家現場製作的手工藝品。

來到海濱廣場走走逛逛同時，也別忘了到雨傘街拍照，這裡可是最夯的拍照打卡景點！

被世界上第二大的象龜團團包圍！

香草自然公園

香草自然公園（La Vanille Nature Park）位於模里西斯東南部，是一座充滿野生動物、植物和自然美景的野生公園，也是一個風景如畫的自然保護區，擁有整整五公頃的茂密翠綠。

不只如此，香草自然公園還是世界上最大的亞達伯拉象龜（Aldabra Tortoise）圈養繁殖中心，整個園區最大的焦點就是可以在超過一百頭放養的亞達伯拉象龜開放園區和巨龜們近距離接觸。被數十隻象龜包圍的感覺，著實令人震撼。

亞達伯拉象龜主要分布在模里西斯以北的塞席爾群島（Seychelles Islands），目前屬於需要保護的物種，但在某些偏遠地區，仍有人捕捉或販售。為了保護此一瀕危物種，香草自然公園積極參與相關復育計畫，全力提供支持，以確保亞達伯拉象龜免受進一步的威脅和侵害。

園區內除了可以看到不同生命階段的象龜，像是孵化期、幼年期、成年期等，同時展示了大量的鱷魚和各種各樣的動物，比如狐猴、鬣蜥、變色龍、狐蝠等，還有一間令人驚嘆的昆蟲館，展示了世界各地的珍稀昆蟲和節肢動物的生態系統。在昆蟲館內，你可以看到螳螂、蝴蝶、甲蟲、蜘蛛等各種不同種類的昆蟲和節肢動物，還有巨大的蜘蛛和蠍子。

香草自然公園提供了專業導遊解說，讓遊客可以更深入了解不同動物的生活習性和飲食習慣，非常有教育意義，進而也將提高遊客對自然環境的認識和保護意識。

清澈見底的純淨感

藍灣

模里西斯政府積極參與海洋生態保護，致力於確保其海域的可持續性與生態平衡。藍灣（Blue Bay）位於模里西斯東南部，有著多樣的海洋生物與豐富的生態系統，是島上知名的世界性海洋生物保護區。

藍灣海灘最顯著的特點之一就是那清澈見底的海水和淡淡的藍色調，給人一種煥發光彩和純淨的感覺。這裡的海灘質地非常柔軟，是躺著晒日光浴的好地方。藍灣也是很好的潛水點，有二到四公尺深的淺水區可以浮潛。

遊客來到藍灣最常體驗的行程通常是乘坐玻璃船，透過船底中央鑲嵌的大塊玻璃欣賞海底的珊瑚群與熱帶魚群。行程中還可以戴上呼吸管和蛙鏡，直接跳入海裡一邊游泳、一邊欣賞熱帶魚。

不過，近年因氣候暖化，藍灣的珊瑚群開始出現受損甚至白化死亡的情形，尤其二〇二〇年八月初在藍灣附近發生的重大船隻漏油事件，對當地的海洋生態系統、珊瑚礁和沿岸社區造成了嚴重的環境破壞。如果期待看到像大堡礁那樣色彩鮮豔的珊瑚群很可能會大失所望。

模里西斯政府現在正積極拯救珊瑚群，希望未來能重現之前的斑斕。但即便如此，藍灣仍然很受歡迎，陽光折射下不同藍色的層次，依然賞心悅目。

天涯海角

馬孔得觀景台

模里西斯東南西北的海岸線各有千秋。東部的沙灘長而寬，以蔚藍海水與寧靜海灣聞名，北部相對熱鬧，西部則因綠意盎然的沿海地帶和多樣的水上活動而大受歡迎。南部更是獨特，如果要用兩個字形容，我會用「狂野」。南部海岸的狂野尤其表現在激烈的海浪、陡峭的懸崖和原始的沿岸風光，自然且充滿了生機。

模里西斯南部海岸有一座名為Baie du Cap的小村莊，正以其自然美景和狂野崎嶇的海岸線聞名，馬孔得觀景台（Maconde）便坐落在沿海公路其中一個彎曲處，一座凸出的小石山上。

沿著沿海公路路邊一座超級陡峭的石梯，爬到最上面的馬孔得觀景台，即可俯瞰南印度洋海岸的壯麗，非常適合拍照留念。中國籍遊客稱呼這裡是「天涯海角」。

站上馬孔得觀景台，映入眼簾的是一望無際的景致。蔚藍海岸、崎嶇海岸線，讓人頓時心曠神怡。不過因為是迎風面，風經常大到讓人站不穩，務必要扶好旁邊的欄杆，不然一不小心，真的會有被吹走的風險。

歷史與美景兼具

炮台山

炮台山（Fort Adelaide）位於首都路易士港後山海拔一百公尺的山頂，是十九世紀英法戰爭時期英國人建造的。

英國人之所以建造這座堡壘，是擔心當時島上剩餘的法國定居者會引發內戰，同時也是為了保護港口免受敵人攻擊。堡壘名稱為阿德萊德堡（Fort Adelaide，也稱Citadel），配有馬蹄形的拱門，堡內有之前留下的砲台。目前已被改建為國家紀念碑。

從堡壘最高處可以欣賞與俯瞰整個路易士港三百六十度的美麗風光，位置相當優越，因此成為很受歡迎的景點。在堡壘矗立的山丘上往旁邊看，全世界第二古老的戰神賽馬場（Champs de Mars）同樣一覽無遺。

珍稀植物的國度

國家植物園

模里西斯的國家植物園（SSR Botanical Garden）是南半球最古老的植物園。

一七三六年，這裡原本是當時法國殖民總督的私人花園，後來成了模里西斯著名景點，占地三十三公頃，種滿了六百五十多種來自世界各地的植物，其中包含八十五種不同的棕櫚樹！

來到模里西斯國家植物園可千萬別自己走，因為在導覽員的介紹之下，你才會知道綠意盎然的園區裡藏了哪些珍寶。這裡有全世界最大的亞馬遜睡蓮池，汁液宛如流血的龍血樹，三十年開一次、一生只開一次花的貝葉棕，樹齡一百五十年的猴麵包樹，根部外露像是長腳的行走棕，還有各式各樣能提煉出珍貴精油的樹木。就連對植物興趣缺缺的人，經過解說，都會覺得整座植物園活了起來，既有趣又難以忘懷。

模的「小肯亞」

卡瑟拉自然公園

卡瑟拉自然公園（Casela Nature Park）位於模里西斯西南部，在模里西斯有「小肯亞」之稱。園區極大，占地超過三百五十公頃，擁有超級豐富的動物與鳥類。整座園區被西海岸延伸的鄉村壯麗景色圍繞，從山丘到瀑布再到海岸線，每個角落都有令人驚嘆的風景。

卡瑟拉自然公園主要分為以下幾區：

野生動物園區——邂逅白犀牛、長頸鹿、駱駝、高角羚、黑斑羚、東非條紋羚、非洲大羚羊、斑馬和鴕鳥的最佳場合！搭乘免費的斑馬造型叢林園區巴士就能近距離觀察這些野生動物。

飛鳥區——從彩虹鸚鵡、喜鵲、綠尾蜂鳥、啄木鳥、孔雀，獨特的外型和行為特徵，絕對值得一看！還能體驗與鳥兒們互動的樂趣。

貓科動物王國區——大型貓科動物愛好者的天堂，可以近距離觀賞大型貓科動物如咆哮的獅子、雄偉的獰貓、威猛的老虎！

可愛動物區——不論是綿羊、羊駝、山羊、倉鼠或兔子，你可以餵食和撫摸這些可愛又友善的動物，也可以和牠們一起拍照。

孩童歡樂世界區——專為孩子設計的區域，從旋轉鞦韆、過山車、彈跳城堡和電動馬，有各種適合孩子玩耍的遊戲和活動。

象龜園區——展示了許多亞達伯拉象龜，讓你近距離觀察這些巨大的爬行動物，了解牠們的生活習性和飲食習慣，更可以與巨龜互動和合影留念。

Casela

基本上，卡瑟拉自然公園提供了可以玩上一整天的娛樂活動，非常適合喜歡大自然和動物的遊客。如果還想要更多刺激與冒險，園區也提供眾多額外付費的互動體驗，讓你能與野生動物來場「親密接觸」。

比如說，除了五十四頁的〈跟萬獸之王一起散步〉，如果覺得搭乘園區巴士不夠刺激，騎四輪電動自行車絕對值得一試。

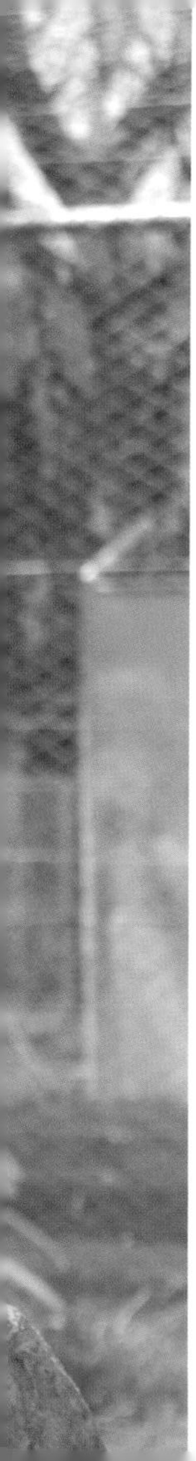

當一回茉莉公主

跟萬獸之王一起散步

遛狗很平常，遛獅子可不尋常。想和大型貓科動物近距離互動，體驗腎上腺素飆升，全身起雞皮疙瘩的感覺嗎？你絕不能錯過卡瑟拉自然公園提供的「與獅子同行一小時」。

模里西斯天生擁有適合獅子和老虎生活的良好環境，雖然是人工飼養，但完全不用鐵鍊或其他殘暴的方式。專業飼養員說，動物其實不會沒緣由地攻擊人類，最重要的是不要讓牠們餓肚子。肚子飽了，心情愉悅，獅子就像貓一樣溫馴。而且平常好好對待，每天固定時段讓獅子出來散步，反而成了牠們的最愛，遊客們大可放心與獅子一同散步。

這項活動是自費行程，行前會說明注意事項與相關規定，請務必遵循工作人員的指導和指示，確保自己和獅子的安全。進入園區後，兩隻獅子會排成一列隊伍前行，你可以和牠們近距離接觸，也將在這短短一小時內觀察並重新認識這些神奇的生物。

畢竟是萬獸之王，獅子的形象總是讓人心生畏懼，但看到牠們懶洋洋地躺在草地上互相嬉鬧，在岩石上跳耀或在樹上攀爬，真的就是體積大一點的貓！電影《阿拉丁》裡陪伴著茉莉公主的寵物老虎突然間完全說得過去了。

散步過程中，膽子大一點的人也有機會撫摸獅子、站在牠們後面合影。千萬別錯過這千載難逢的機會！

探索紅樹林生態
獨木舟遊琥珀島

琥珀島（Amber Island）位於模里西斯東北岸不到三百公尺的地方，會取名「琥珀」據說是荷蘭殖民者發現島上有抹香鯨的排泄物龍涎香（西方稱為灰琥珀）。這個面積約一百四十公頃的離島周圍被茂密的紅樹林與岩石圍繞著，整座島受到政府的保護，屬於模里西斯國家公園的一部分，可說是模里西斯最後的野生避難所之一。

模里西斯推崇生態旅遊，沒有其他交通工具比獨木舟更適合探索琥珀島。

隨著領隊划獨木舟穿梭在紅樹林之間，除了能認識紅樹林在脆弱海洋生態系統中的重要作用，還能享受置身紅樹林時被庇護的寧靜。碧綠清澈的海水搭配蔚藍的天色，沒划船的那一刻時間彷彿靜止，一切是這樣地令人陶醉。若有帶浮潛裝備也可以下海浮潛，仔細觀賞銀大眼鰺、鰩魚、寶螺、紅樹林牡蠣等紅樹林生態專屬物種。

你也可以上島步行，走訪琥珀島上的小火山口，或是探索自一七五〇年代留存至今的殖民時期遺址，如廚房的廢墟、古老的瞭望台等，剎那間覺得自己彷彿回到了過去。

因為是無人島，琥珀島上很安靜，而且安靜得很舒服，讓人遠離度假村的喧囂，讓心回歸寧靜。

獨木舟是自費活動，通常是兩個人一艘，擔心自己最後划不動也不用擔心，有一艘小船會跟在最後面，不用怕會漂到外海。

遨遊公海

登上快艇與海豚共游

模里西斯是有名的海豚島，西部海域是瓶鼻海豚和飛旋海豚的棲息地，出海有九十%機率可以看到牠們的蹤跡。來到模里西斯，不妨乘船出海，一邊體驗追逐浪花的快感，一邊享受遨遊在公海上尋找野生海豚的浪漫邂逅吧！

一大早集合搭上快艇後，船長就會解說海豚的種類和習性，以及如何在不擾亂海豚生活的前提下盡情觀賞。登艇離岸後，由於時間仍是一大早，第一個會驚豔於從西邊海上回看本島時，東邊日出朝陽為大海染上絢麗的色彩後帶來的無窮生命動能。「好美」完全不足以形容。

緊接著，遠處原本平靜的海面突然出現海豚的身影，一隻、兩隻、一大群！當下的喜悅絕對溢於言表。模里西斯的海豚似乎不怕人，甚至讓人感覺牠們特別好客。一隻又一隻活潑熱情的海豚像是引領著船隻前進，興奮時甚至會一躍而起。

時機對的時候，船長會通知想下海和海豚共游的遊客。在保持一定距離、不打擾海豚悠游擺尾和跳躍嬉戲的情況下，置身海中聆聽海豚之間各種各樣不同的聲音交流，是一種真正獨特的體驗。不敢下海的人也不用失望，就算是坐在船上觀看，都能大大滿足對大海的嚮往與遇見海豚的冀盼。

全年皆可！
造訪抹香鯨的棲息地

抹香鯨是地球上最大的齒鯨類動物，模里西斯周圍海域一年四季都有抹香鯨出沒，幾乎全年可見。雌性抹香鯨基本上就是棲息在模里西斯西部海域，以家庭群體的形式在此生活。

除了抹香鯨，模里西斯也有機會看到座頭鯨。座頭鯨雖未住在模里西斯水域，但每年六月到十月中旬會遷徙到模里西斯海域生產。

不同於海豚，在模里西斯賞鯨只能乘坐有觀光局合法賞鯨執照的賞鯨船，在船家遵守規定與保持安全距離的狀況下，從船上觀賞鯨魚的身影。模里西斯觀光局的法條明確禁止任何人下水和鯨魚共游。唯有申請特殊許可才能與鯨魚一起游泳，但許可僅限於科學研究或紀錄片拍攝等，不得出現商業行為。

身為抹香鯨棲息地，模里西斯政府非常注重海洋生態，從如何與鯨豚接觸才能減少對牠們的干擾與衝擊，到遊客在賞鯨過程中如何與鯨豚互動，統統都有嚴格規範。珍貴的鯨豚資源與賞鯨產業要永續發展，需要人人都當個負責任的遊客。

自由自在 No.1

跳上四輪越野車四處穿梭

想體驗模里西斯狂野面貌嗎？那非四輪越野車莫屬！

模里西斯很多地方都可以自費租用四輪越野車，各地周邊風光可說截然不同，各有千秋。

在南部騎四輪越野車可以看到最「野」的原始生態。這是因為模里西斯被珊瑚群島保護，大浪打不上來岸邊，唯一幾處缺口統統都在南岸，導致南岸充滿了海浪長年拍打形成的天然景觀，天然橋（Pont Naturel）、海水噴泉（Le Souffleur）、海底洞穴等等既是著名地標，也擁有明信片般的風光。由於地理位置偏遠，道路不平坦，四輪越野車成了最佳探索方式。

天然橋是強大海浪撞擊岩石後在海中形成的天然橋樑。大橋由左右懸崖支撐，當海浪撞擊橋體，激起的浪花搭建成了天然的壯觀背景。

海水噴泉則位於一處峭壁懸崖，當印度洋巨浪衝擊懸崖部分火山熔岩石，衝擊的壓力讓海水像鯨魚的氣孔般，從岩石間的裂縫與小洞直衝至頂，瞬間形成一道最高可達二十公尺的海水噴泉，且聽得到類似吹口哨的聲音，站在岸旁等待魔法發生的一剎那無比療癒。

除此之外，戴上頭盔，乘著四輪越野車自由穿梭在清新的綠色甘蔗田間，沿著被甘蔗環繞的道路時而駛過平靜的河流，時而飛越原始崎嶇的岩地，揭開甘蔗田神祕面紗的同時，也能感受到腎上腺素的激增，同樣別有一番風味！

註：天然橋、海水噴泉等地需要適當保持距離，風大浪大時還是會有危險。

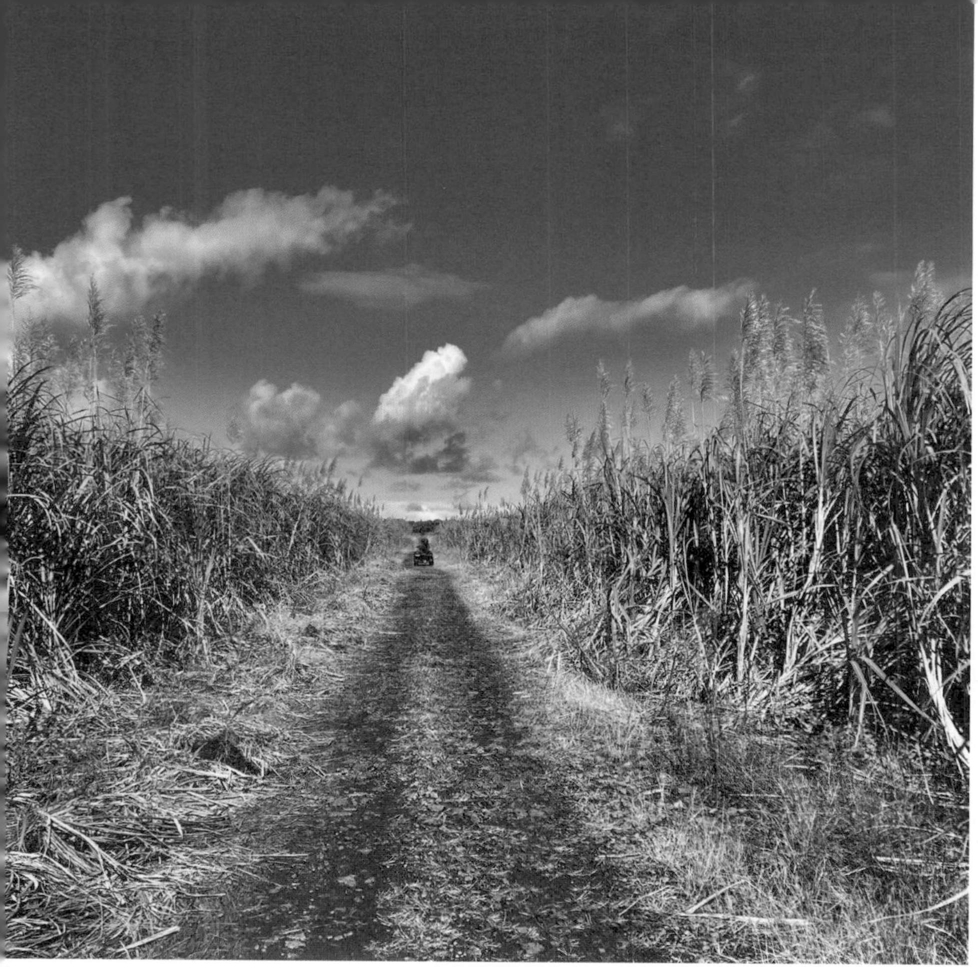

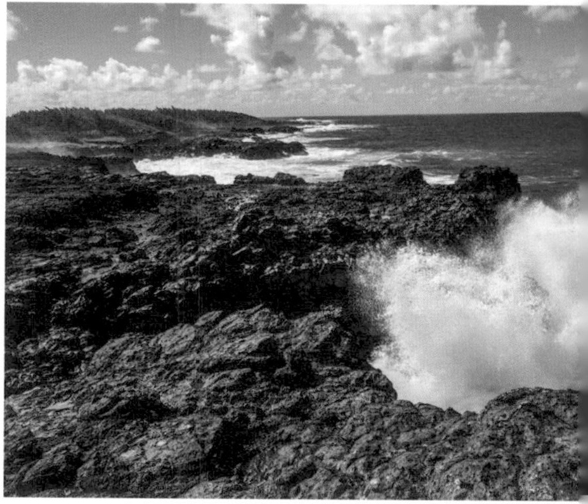

四大離島一次網羅

愜意快艇跳島遊

模里西斯主島被一百多座小島與礁石環繞，自費搭乘快艇可以一次網羅東南邊四個各有特色的知名離島：燈塔島、帕斯島、艾格雷特島和鹿島。航程中除了會經過模里西斯最長河流東南大河（GRSE River）連接大海口的壯麗瀑布，天氣和海浪允許的話，還會經過好幾個浮潛點，午餐則是鹿島海邊享用燒烤大餐。

鹿島（L'Île aux Cerfs）——

模里西斯人氣最旺的島，因曾有鹿群涉水渡過海灣而得名，但今日已看不到鹿。鹿島實由兩個主要小島組成，中間的淺灘潟湖構成了白色的沙灘、平靜又清澈見底的碧綠色海水，著實是放鬆身心和享受休閒時光的理想場所。小小的鹿島甚至擁有一整座豪華十八洞高爾夫球場與兩家餐廳。現今的鹿島因大量遊客造訪而變得有點商業化，有許多小商販販售旅遊紀念品、服飾與手工製作的飾物，但也因提供各種豐富的水上運動，從拖曳傘、海上摩托車、滑水、帆船、海底漫步到香蕉船等，魅力依舊。

燈塔島（L'Île aux Fouquets）——

位於東南大城大港灣外的岩石小島，島上的燈塔在英法戰爭時扮演著重要的角色。歷經幾個世紀的考驗，燈塔雖已荒廢但仍然屹立。島上還有一間舊屋和一棵大樹，讓人感受歷史滄桑之餘，倒也添了幾分孤傲與神祕。

帕斯島（L'Île de la Passe）——

帕斯島在殖民年代是保衛模里西斯的關鍵所在地，法國和英國居民在島上建立了防禦工程，至今仍能看到這些歷史悠久的遺址。

艾格雷特島（L'Île aux Aigrettes）——

此島保留了模里西斯四百年前的樣貌。模里西斯野生生物基金會在這座珊瑚島九成區域進行了復育，為動植物打造了獨一無二的理想棲息地。前往艾格雷特島需要提前預約，專業導覽員會帶你進一步認識島上豐富的植物和動物生態系統。運氣好的話還能看到模里西斯特有鳥種粉紅鴿。

鹿嶼

燈塔島

帕斯島

艾格雷特島

挑戰極限運動

高空跳傘俯瞰全島

模里西斯是火山爆發形成的島嶼，擁有多樣地形，而很多美景若能從空中俯瞰，更能看出大自然的鬼斧神工！

想換個觀看角度除了搭乘直升機，勇氣足夠的人很推薦前往模里西斯東北部體驗高空跳傘。當模里西斯全島都映入眼簾時，絕對讓人嘆為觀止。

高空跳傘屬於極限運動，應該也是模里西斯最緊張刺激的冒險。首先，飛機會用二十分鐘先帶你三百六十度鳥瞰模里西斯綿延的白色沙灘線與全世界第三大珊瑚礁群的壯闊景象。等高度到達一萬英尺（三千公尺）時，再讓你跟著專業的跳傘教練以最高時速達二百公里往外跳，這時要張開雙臂，體驗自由的真正含義，好好感受人生最美麗與驚險刺激的三十秒自由落體！最重要的是要保持微笑，不然教練捕捉到的精彩畫面會連你自己也認不出來。眼睛也要確保全程張開，才能飽覽模里西斯的海陸美景。

夢幻藍色世界

搭潛水艇探索深海奧祕

會潛水的人都對海底世界著迷不已，但終究不是每個人都會潛水，潛水艇因此絕對是不會潛水者的一大福音。不碰水，一樣能前往海洋深處探索海底世界的奧祕。

參加深海潛水艇活動得先搭快艇前往大海上的大平台，潛水艇會停靠在平台附近。等潛水艇靠在平台旁邊後，就可以從潛水艇的頂部圓形艙蓋爬入。

船艙的內部結構和小型飛機很相像，最前方的超大圓窗是船長的寶座，座位附近是各種儀表板和操控方向的按鈕。船長座位上頭有個電視螢幕，可以透過安裝在潛水艇外部的攝影機觀看潛水艇慢慢下沉的過程。船長座位後面是並排的五排遊客座位，每個座位旁邊都有獨立窗口，座位上則有一份英文魚類指南，介紹可能看到的各種生物。

潛水艇開始下沉時，窗外顏色會不斷變化。每往下一公尺，景色就變得完全不同。蔚藍海洋籠罩了整艘潛水艇內部，相當浪漫。從船艙看出去，有時是大片的珊瑚，有時是悠游而過的魚群，到達最底部則會看到十七世紀沉船「望星號」的船骸。

等窗外不斷冒出猶如一顆顆閃亮小鑽石的小氣泡，你會發現自己回到了海面上，重見天日有種恍惚感。最後船長會頒發一張他親筆簽名的潛水艇證書給每一位乘客，同時附上清涼的無酒精飲料。

潛水艇在海下的旅程雖然足足有四十五分鐘，但上岸後你會發現，腦海中仍在回味方才的藍色世界，意猶未盡。

零距離接觸魚群

騎海底摩托車水下冒險

探索印度洋還有另外一種獨特又有趣的方式：海底摩托車！

不同於潛水艇下潛到海底三十公尺，海底摩托車下潛深度約為海底三公尺。

海底摩托車的操作流程其實很簡單，只有一個方向盤可以控制方向，還有一個可達三公里時速的加速器踏板，不需要會游泳也不需要會騎摩托車，也不需要太多潛水技能，就能享受水下探險的樂趣。

海底摩托車通常由一人或兩人乘坐，頭上戴一個透明頭盔，頭盔裡可以正常呼吸，也可以清楚看到正前方的海洋生物。透過潛水員的引導，你將在繽紛魚群與珊瑚密集的地方零距離接觸魚群。

乘坐海底摩托車如今已經是模里西斯旅遊一大亮點，吸引了世界各地的遊客前來體驗。

風箏衝浪之國

玩一回風箏衝浪

風箏衝浪是一種借助充氣風箏、腳踩衝浪板的水上運動，源於夏威夷。這種運動混合了特技風箏、帆板、衝浪、滑水、滑板等多種運動元素，既能享受高速衝浪，又能擁有騰空躍起的刺激。

模里西斯在風箏衝浪界算是相當知名，也被票選為世界上最好的風箏衝浪地點國家之一，充滿了各種適合風箏衝浪的地點，每個地點都有其特色。其中最著名的是位於西南邊 Pointe du Morne 的 One Eye。

模里西斯四月到十一月因為吹送穩定強勁的東南季風，是最適合風箏衝浪的季節，全世界會有很多人湧進模里西斯體驗風箏衝浪，很多地方也都有風箏衝浪學校和中心，提供教學課程和相關設備的租賃服務，並有資深教練提供指導。

雖然模里西斯提供了風箏衝浪本身需要的理想條件，但許多風箏衝浪愛好者對模里西斯難以忘懷，是因為衝浪時不只可以欣賞湛藍的海水和美麗的風景，豐富多彩的海洋生物也增添了整體體驗的樂趣！

球友夢寐以求
高爾夫球天堂

模里西斯的高爾夫球歷史發展得比美國還早，英國人早在一八四四年就已引進，也讓模里西斯成為世界上第四個在自然環境中開闢高爾夫球的國家，今日則被評為世界十大高爾夫勝地之一，是眾多高爾夫球愛好者夢寐以求的度假島嶼。

特別值得一提的是，高爾夫球不管在哪個國家打的規則都一樣，但是高爾夫球的文化與習俗卻可能因地而異。在亞洲打高爾夫球，絕大多數球場都會提供桿弟服務，模里西斯卻不盛行。如果真的有需求，得事先問球場，請球場尋找適合的人。另一方面，模里西斯所有高爾夫球場都有內建GPS定位系統與多項智慧輔助功能的高球車，即使沒有桿弟服務，人人都能放心自行駕駛球車下場揮桿。

數量驚人的高爾夫球場

天然地形與自然景觀造就了模里西斯成為高爾夫球天堂。目前島上共有十一座完整十八洞世界級錦標賽高爾夫球場，都是由頂級高爾夫球手和建築師設計。很多球場隸屬於當地旅館集團，凡是旅館房客都有優先權、免果嶺費，甚至有房客專屬的球場，外人不得進入。

每座球場各有特色，這裡簡單用一句話來形容。

- **金卡納高爾夫球場**（Gymkhana）是歷史最悠久的高爾夫球場。
- **鹿島高爾夫俱樂部**（Ile Aux Cerfs Golf Club）被英國高爾夫雜誌票選為「此生中必玩高爾夫球場」第一名。
- **阿那西塔四季高爾夫俱樂部**（Anahita Golf Club）是印度洋上唯一一座美國高爾夫協會（USGA）高爾夫球場。
- **塔瑪莉那高爾夫俱樂部**（Tamarina Golf Club）是模里西斯最長的高爾夫球場。
- **阿瓦隆高爾夫莊園**（Avalon Golf Estate）是模里西斯海拔最高的高爾夫球場。
- **傳承高爾夫球場**（Heritage Golf Club）是兩度被世界高爾夫講

評為印度洋排名第一的高爾夫球場。

- **蒙舒瓦西高爾夫球場**（Mont Choisy Le Golf）是島北唯一的高爾夫球場。
- **傳奇高爾夫球場**（Legend Golf Course）是追求挑戰的高爾夫球手大顯身手之地。
- **林克斯球場**（Constance Links Golf）是新手友善又不失刺激的球場。
- **天堂高爾夫球場**（Paradis Golf Club Beachcomber）是坐落在世界文化遺產下的球場。
- **拉雷斯夫球場**（La Reserve Golf Links）是印度洋上第一座真正的林克斯（Links）類型球場。

南半球最古老的高爾夫俱樂部

成立於一八四四年的金卡納高爾夫球場是南半球最古老的高爾夫俱樂部，在模里西斯的歷史和社會結構上也具有重要意義。

金卡納俱樂部是當初英國殖民時期由英皇家海軍建立的，位於模里西斯島的中間。球場總長五．六公里，標準桿六十八桿，雖然球場本身較短，對球手來說卻是個需要精確度、非常具有挑戰性的球道，能夠在歷史如此悠久的高爾夫球場打球也是一件讓人自豪的事。

金卡納高爾夫俱樂部除了有十八洞球場，也有其他體育和娛樂設施。俱樂部採會員制，入會條件嚴格。會員除了享有特權，對模里西斯人來說也是身分的象徵，透過俱樂部舉辦的各類活動，包括盛大的晚宴、音樂會、時裝秀和文化表演，會員能與志同道合的人建立關係。

星光下的高爾夫球

傳承高爾夫球俱樂部位於模里西斯西南邊，每個月會舉辦兩次著名的「夜光高爾夫球」，對於從未體驗夜間高爾夫的人來說是個非常有趣的社交休閒活動。「夜光高爾夫球」包含了兩小時的歡樂時光與美

式餐點，飽餐後，所有人會打開球車的球燈駛向球場。球場各處均設有LED燈，閃爍的紅色表示要避開的沙坑、水、橋樑和其他的危險，旗幟、球洞和目標著陸區也都被不同顏色的燈點亮。報名者將有一套會發亮的高爾夫球組，球共有四種顏色，不論打到哪裡皆可輕鬆找到。雖說球場的日間風光就足以令人嘆為觀止，但看著夜空中發光的高爾夫球劃破黑暗，的確也是另一種有趣的體驗。

和恆河一樣神聖

印度教聖地聖水湖

模里西斯中南部海拔約五百五十公尺的山上坐落著一個巨大火山湖，名為 Grand Bassin，也被稱為 Ganga Talao（直譯「恆河之池」），是印度教徒的朝聖之地。

這座湖的起源充滿了神話。相傳曾有一位虔誠的印度教祭司把印度恆河的河水帶到模里西斯，並在許多儀式中把水倒入了湖中，讓湖水因此擁有了與印度恆河的水一樣神聖的力量。

模里西斯有七成人口為印度人，一九九八年，這座湖被模里西斯政府宣布為聖湖，廣受歡迎。此地不只風景優美，周圍也有精美的寺廟和神像，大量印度教徒來此祈禱、冥想、享受一方寧靜，觀光客也特地造訪。

出了印度國土，這座湖是同類湖泊最大的一個，現場還有模里西斯全島最巨大、高達三十三公尺的銅色雕像兩座：一座是美麗又雄偉的溼婆神和他的三叉戟，也是全世界第三高的溼婆神像；一座是印度教中最受崇拜的女神杜爾伽（Durga）。

模里西斯人講哪一種語言？為什麼到處都看得到渡渡鳥相關商品？模里西斯明明屬於非洲區，但似乎有很多印度人，又是道理何在？

探索
模里西斯

人人都是三聲道

在模里西斯，你會看到印度裔、非洲裔、亞裔與法裔臉孔，很可能錯以為他們是來模里西斯旅遊的外國人。其實不是，他們都是模里西斯人。

模里西斯沒有原住民。最初是葡萄牙人先發現了模里西斯，接著荷蘭人也登陸並嘗試了數次殖民，由於維持不了太久最終放棄。直到一七一五年法國人開始殖民，引進黑奴制度，島上才多了許多發展，尤其蓬勃了甘蔗種植產業。

法國殖民尚未滿一百年，由於英法戰爭戰敗，模里西斯變成被英國殖民。基於人道，英國廢除了奴隸制度，但為了原本的經濟運作能夠持續，引進了五十多萬名印度契約勞工，也開放了三萬多人的中國移民後裔前來經商。那時候的中國人清一色幾乎是廣東梅縣人。

歷史使然，這些民族的後代一代又一代落地生根，造就了今日模里西斯獨特且深厚的文化背景，雖然仍有七成屬於印度裔（當初五十萬契約勞工人數實在太龐大了），但也讓模里西斯的人種變得非常多元。另一方面，在印度之外，模里西斯可是全世界印度裔人口比例最高的國家！

模里西斯在一九六八年三月十二日宣布獨立，一九九二年同天成立了模里西斯共和國，有了第一位正式總統。

獨立後，留在島上的印度裔、非洲裔、亞裔、英裔與法裔人種和平共存，衍生出來的文化交會則體現在衣食住行各個方面，除了讓模里西斯比其他島嶼國家多了更不同的風貌與人文風情，成為魅力所在，語言的演化更是非常有趣。

法國殖民時實行以奴隸為工人的莊園經濟，那時的奴隸來自東非、西非與馬達加斯加島等地，法文逐漸成為原本無法互相溝通的奴隸之間的通用語言。但因為欠缺正規教育，奴隸間的語言演變成「很像沒有文法的法文」，稱之為模里西斯克里歐語（Creole）。即便英國殖民後廢除了奴隸制度，轉而引進大量的印度契約勞工，但益發成熟的克里歐語仍被印度契約勞工當成他們之間的通用語言。

雖然英文與法文在模里西斯獨立後都屬於政府機構與教學的主要語言，並享有較高的社會地位，可是模里西斯克里歐語才是最通用的語言，在眾多非正式場合中有著無可取代的地位。

如今，不管是什麼種族，每個模里西斯人都把克里歐語當作母語，同時常講法文與英文，幾乎人人都是三種語言切換自如。由於太多語言參雜在一起，特殊腔調經常讓觀光客「有聽沒有懂」。

模之象徵渡渡鳥

模里西斯的國徽、郵票、火柴盒和日常生活中許多物品都有一隻鳥的圖案或形象，這隻鳥名叫渡渡鳥（Dodo 鳥、又譯嘟嘟鳥）。

渡渡鳥乍聽之下陌生，其實牠出現在很多卡通與電玩裡，比較知名的像是動畫電影《冰原歷險記》那群跑來跑去的笨笨胖鳥、《愛麗絲夢遊仙境》的法官大鳥，或是日本任天堂遊戲「集合啦！動物森友會」中航空公司的 Dodo Airline 機長和工作人員，都是以渡渡鳥為原型。

渡渡鳥最早是在十五世紀初被荷蘭探險家在模里西斯記錄下來，是一種原產於模里西斯的特種大鳥。渡渡鳥的翅膀已退化至無法飛行，幾乎沒有任何作用，性格溫順但行動笨拙。由於島上食物豐富又無天敵，牠們的身材肥碩，可謂心寬體胖的最佳寫照。

在殖民者的活動和獵捕之下，短短兩百多年渡渡鳥便徹底滅絕，成了繼恐龍之外最有名的絕種動物，也是人類歷史上第一個被記載，完全因為人類的發展與活動而絕種的生物。英語俚語甚至有一句「As dead as a dodo」——「死得像渡渡鳥一樣」，意思是一去不復返，消失得非常徹底，完全無法挽回。

可能因為這個原因，科學界和動保人士向來關注「如何復活渡渡鳥」。這幾年有些科學家和鳥類學家正在研究如何利用現代科技「復活」渡渡鳥，希望藉此開啟鳥類保育的新技術。

模里西斯因為曾經是世界上僅有的渡渡鳥棲息地，渡渡鳥便逐漸演變成模里西斯最具代表性的鳥，成了模里西斯歷史與文化遺產的重要象徵。

想一探渡渡鳥遺骸或了解更多的話，首都路易士港的自然歷史博物館內保存了完整的渡渡鳥遺物和標本，還有其生活習性和外貌特徵的介紹。博物館免門票，有興趣的人不妨前往參觀。當然，也一定要帶回渡渡鳥相關紀念品，才算不虛此行！

甘蔗田造就的甜島

模里西斯除了被稱為「天堂的原型」，也有「甜島」之稱，島上大部分農業用地都拿來種植甘蔗，現在全島有三分之一土地被甘蔗田覆蓋。

在模里西斯，遠眺經常盡是甘蔗田，由於廣泛種植，連空氣裡都是甘蔗甜甜的味道。若是四月到九月期間，冬陽下正開花的甘蔗那一株株的花穗經常被觀光客誤認為是蘆葦或芒草，而一望無際的甘蔗花海隨風飄逸的景象，同樣令人難以忘懷。

甘蔗於一六三八年由當時的殖民宗主國荷蘭首次引入模里西斯後，日後歷經英、法殖民，甘蔗都是主要種植作物，幾乎動用了全島人力。西方殖民者對於甘蔗種植的熱中則和當年糖的稀缺與珍貴有關。

模里西斯的熱帶氣候和火山土壤提供了完美的種植甘蔗條件。從溫和的氣候（涼爽乾燥的冬天、溫暖潮溼的夏天）到相對中性的土壤酸鹼值，統統有利於甘蔗生長。十九世紀中期，模里西斯的甘蔗種植和製糖廠達到了繁榮鼎盛期，除了研發出高品質的新糖品，製糖企業還利用甘蔗汁釀造了蘭姆酒。

Demerara

當然，很多國家都有甘蔗和製糖

60

廠，但主要都是生產精製白糖，模里西斯除了精製白糖，也生產另外十八種不同的特種糖，絕對足以讓人眼花撩亂！每一款都由百分之百優質甘蔗汁製成，有特定的質地、香氣、口味和口感，以符合不同的用途和迎合消費者的不同偏好。特別值得一提的有以下兩款：

Muscovado——

這種糖具有超強的抗氧化性，因為它保留了甘蔗裡的糖蜜成分，而糖蜜正是天然抗氧化劑。Muscovado 的顏色呈現棕色或深棕色，顏色愈深，糖蜜含量愈高，味道愈濃郁。淡色的適合製作餅乾或胡蘿蔔蛋糕等烘焙食品，深色的味道濃郁，更適合巧克力和水果烘焙等，也是製作巧克力布朗尼和聖誕布丁的最佳選擇。

Demerara——

同樣是未精煉的糖，並保留了一些天然的糖蜜和礦物質，由於擁有獨特的琥珀色，屬於高顏值的糖，深受大眾喜愛。Demerara 的口感層次豐富，帶有一點焦糖、太妃糖和香草的味道，經常加在咖啡或茶飲中，也能在烘焙與烹飪中添加風味和口感。在模里西斯，Demerara 屬於高級產品，獨特風味與口感是高級餐廳和特色食品商店中的熱門食物。

另外，模里西斯糖業二〇二〇年成功研製並生產了一種低升糖的特種糖，經英國牛津布魯克斯大學測試，目前成為澳洲血糖指數基金會認證的低升糖食品。低升糖意謂著這種糖的消化和代謝比其他蔗糖來得慢，可以讓血糖值上升得較慢，是糖尿病人可以食用的健康糖。也因為不是人工代糖，相對來講更天然、更健康。

入選為非物質文化遺產

傳統舞蹈 Sega 舞

Sega 舞是模里西斯獨有的民間音樂和舞蹈的統稱。對於模里西斯人來說，Sega 舞的意義遠不只娛樂如此單純。

Sega 舞源於法國殖民期間，那時島上約八成人口是從非洲和馬達加斯加島販運來的黑奴。黑奴大多過著不為人知的艱苦生活，唯一的放鬆喘息就是在辛苦工作後燃起篝火圍著跳舞，用手邊能製作出來的樂器演奏，以此暫時忘掉辛勞與痛苦。

傳統 Sega 表演時通常由男性負責樂器演奏，女性負責跳舞。使用的樂器包括了用山羊皮做鼓膜的手鼓（Ravane）、瑪拉瓦那大沙盒（Maravann）或三角鐵等。歌詞則是黑奴之間的語言克里歐語，文字中透露出當下的生活處境和生命狀態。

腳步快速滑動、臀部八字型搖擺是 Sega 舞的最大特點。若和其他舞蹈相比，Sega 舞最獨特的地方是雙腳不會離開地面，這是因為當時黑奴腳上都有腳鐐，不論走路或跳舞都得拖著腳。

儘管如此，Sega 舞的本質是歌頌自由，歌頌縱使不自由但透過音樂和舞蹈仍能釋放身心枷鎖，生命依然可以歡樂，就算你一無所有。

Sega 舞一開始並不受到重視，但模里西斯獨立以後，現今已演變成國家正式傳統舞蹈，不但是各大旅館最受歡迎的娛樂節目之一，也入選為非物質文化遺產名錄。Sega 舞不僅僅是一種音樂舞蹈，更代表了跨文化的融合、階級制度的突破，更是模里西斯社會共同發揚光大的文化資產。

多樣化的國定節日

模里西斯的國定假日與宗教節日，可說是最能代表模里西斯種族多樣性和互相尊重的實例。

沒有原住民的模里西斯是個多元種族融合的社會。一九六八年獨立後，法國裔、印度裔、非洲裔、華裔共同生存，共享文化與價值觀。由於每個族群都有自己的宗教信仰與傳統節日，基於互相尊重，模里西斯政府依各民族與其信仰占總人口的比例，訂定了十五個國定假日，讓各族群可以一起慶祝，期許著不同族群不僅了解自己的宗教與信仰，也能對其他族群的文化有基本認識。

十五個國定假日裡有八個日期固定，分別是元旦（1/1、1/2）、奴隸解放紀念日（2/1）、國慶日（3/12）、勞動節（5/1）、萬聖節（11/1）、契約勞工紀念日（11/2）和聖誕節（12/25）。

其餘七個屬於宗教節日，沒有固定日期，分別是：

中國春節（一月或二月）——

華人占模里西斯總人口不到三％卻很有影響力。唐人街無庸置疑最熱鬧最有年節味道，很多地方會看到舞龍舞獅，聽到此起彼落放鞭炮聲。模里西斯華人傳統習俗會吃「年糕」，也會分送親朋好友，不過台灣吃年糕多半是熱熱的吃，模里西斯人吃年糕是直接切開冷冷的就吃！而且大多是用橘子皮增添風味的橘子口味。

大寶森節（Thaipoosam Cavadee，一月或二月）——

印度裔泰米爾族的節日，是泰月曆滿月之夜舉行的慶祝活動。信徒深信讓身體被鐵鉤扎、舌頭和臉頰上用針刺穿可以洗清罪孽，屬於苦行懺悔、還願、靜心的節日。徒步走向寺廟參拜的路上，有些人頭頂牛奶罐，有些人扛著用鋼製枷鎖與鮮花素果裝飾的大型行動祭壇「卡瓦蒂」，是除了火行和攀劍儀式，最莊嚴神聖也最讓人印象深刻的泰米爾族活動。

溼婆神節（Maha Shivratri，二月或三月）——

模里西斯的溼婆神節可說是印度以外規模最大的印度教徒朝聖活動。

這一天，為了紀念印度教主神之一溼婆神，幾十萬模里西斯印度教徒會走出家門，徒步前往模里西斯中部的聖水湖畔朝聖。人人身穿一塵不染的白色衣服，手持鮮花、祭品和 Kanwar（一種傳統上由竹子、彩紙飄帶、旗幟和其他豐富小裝飾製成，扛在肩上的結構）。到了湖邊後除了守夜祈禱，也會舉辦儀式把小燈擺在香蕉葉上，同鮮花一起散放在水中。

每逢溼婆神節，模里西斯路上只見大大小小的朝聖隊伍，從四面八方往中部山區走，路上會有善心人士提供水、果汁、食物，甚至搭蓋臨時帳篷讓信徒休息。現今的印度教年輕人則讓Kanwar的製作演變成互相較勁的活動，一個比一個大、一個比一個華麗，甚至大到造成交通阻塞！徒步前進時則會同時播放混音版本的印度歌曲，著實讓印度教老一輩傻眼，在旁觀者眼中卻成了很有趣的現象。

新年（Ugadi、三月或四月）——

印度裔泰盧固（Telugu）族群慶祝的新年。除了在節日前大掃除和買新衣，當天太陽升起前會以「用椰子油洗頭」做為開啟儀式，最特別的則是吃參雜了酸、甜、苦、辣、鹹、辛香六種口味的特殊食物Ugadi Pachadi，藉此提醒人們，必須期待在新的一年裡體驗不同的經歷（悲痛、幸福、憤怒、恐懼、厭惡、驚喜）並好好生活。

開齋節（Eid al-Fitr、五月或六月）——

慶祝穆斯林齋月結束的開齋節對穆斯林來說是一個感恩和歡欣的日子。除了早上在清真寺祈禱，穆斯林在這一天也會穿上新衣服，準備特別的甜食和食物，分發禮物給家庭成員和窮人。女孩們則會在手上彩繪純天然植物染色劑「漢娜」（Henna）來慶祝。

象神節（Ganesh Chaturthi，八月或九月）——

印度教徒為了紀念象頭人身的象神「甘尼許」誕生的節日。甘尼許是印度教中知名度最高、最受崇拜的智慧之神。傳統上這個節日是在家裡慶祝後，才前往海邊舉行儀式把神像送入大海，隨著神像慢慢在海中消失，煩惱也隨之而去，留下祝福。但在現今的模里西斯，節日當天的路上會看到許多象神雕像的遊行，配合著嘈雜的音樂和舞蹈，西南部的印度馬拉地族群村落尤其熱鬧。

排燈節（Diwali，十月或十一月）——

印度教節日中最歡樂的節日。多數印度家庭會在排燈節期間穿新衣、互相贈送甜食、乾果或禮物。排燈節是慶祝「以光明驅走黑暗、以善良戰勝邪惡」的節日，每戶印度人家都會用油燈把家裡布置得美輪美奐，雖然現今大多使用裝飾性的電燈，依然充滿了燈光仙境的氛圍。

模里西斯社會速寫

模里西斯是個殖民歷史使然的國家，本身沒有原住民。一九六八年獨立後，留在島上的人們不管原本是歐洲殖民者、印度契約勞工、中國商人、非洲奴隸等的後代，清一色統稱為模里西斯人。他們縱使講不同的語言，有不同的祖先，卻因為身處同樣的殖民社會條件之下，衍生出一些共同的文化現象。而原本忠誠於自身特定種族的意識，也慢慢地演變成認定自己是模里西斯人的島嶼身分感，也就是現在模里西斯新一代強調的「多樣性的統一」（Unity in Diversity）。

既然「模里西斯人」成為島上人民的新種族身分，隨著時間推移，不難發現，模里西斯人其實擁有許多共通的特質。當然，不一定每個模里西斯人都是這樣，但是這樣的特質已經嵌入了模里西斯人的基因，只是有沒有顯化出來而已。很多時候，當某個人表現出這些特徵時，你會聽到有人跟他開玩笑說「你是一個真正的模里西斯人！」，意謂著這些特徵可能讓人覺得好氣或好笑，但也正是模里西斯社會一致認同與接受的事實。

強烈的文化自豪感

Proud to be a Mauritian!

模里西斯是一個非常新的社會，從十六世紀初到現今的短短四百年歷史中卻經歷了重大的動盪和變革，其發展特點中更多的是進化，而不是革命。

儘管模里西斯被英國接管和統治了一百五十八年，強大的法國語言與文化遺產仍然存在，又比其他擁有相似殖民史的島嶼受到更多的南亞和東亞影響，如果要用一句話來代表模里西斯文化，「多元文化主義」絕對是最適合的。

雖然現實層面上不太可能永遠如此完美和諧，但模里西斯人承認島上的多元種族和宗教文化多樣性是一項社會潛規則。大家都生活在同一個島上，基本上無能為力，只能接受社會的本質，尊重其他人，共同生活。畢竟能有機會生活在這麼漂亮的島嶼上，夫復何求！正因如此，模里西斯人對於彼此的宗教和傳統有著令人印象深刻的理解和尊重，這種多元文化主義既出於必要，也是模里西斯人共同認同的重要元素。

模里西斯人以熱情好客而聞名，富有感染力的模里西斯微笑說明了一切。大多數模里西斯人都超級愛國，並會自豪地向其他人展示家鄉天堂般的美景與豐富的文化遺產。沒聽過模里西斯的人可能不容易了解這種自豪感，但聽過模里西斯或去過模里西斯的人都會非常認同，畢竟能夠住在天堂島嶼上，多令人稱羨啊！

跑最快的是八卦和謠言

「在模里西斯不能幹壞事，你屁都還沒放，別人就已經聞到了。」這句讓我笑到翻掉的話是我爸跟我說的，一開始我還沒聽懂，但回到模里西斯就學七年多後總算深刻體會，原來這就是八卦的力量。

模里西斯島小，人與人之間的距離沒有很廣，以至於一個模里西斯人可能至少聽說過另一個人的

「模」式打招呼，一「親」即發

法國統治模里西斯只有短短一百年。法國於一八一〇年英法拿破崙戰爭戰敗後，直到一八一四年和英國簽訂〈維也納條約〉，才正式將模里西斯讓予英國。條約第八條約定，法國人可以保留土地與財產、風俗習慣，也能繼續講法語，並在民事和刑事審判中使用法國法律，這讓模里西斯至今仍保留法國的習俗。

其中最潛移默化就是以親臉頰的方式打招呼。不管是親朋好友或初次見面，甚至泛泛之交，男女之間、女女之間，見面第一件事就是輕碰臉頰，然後嘴巴發出「啾」的聲音。在模里西斯，一般是右左臉頰各親一下，男性之間則多半是握手。

多數人覺得親臉頰打招呼很浪漫，但在模里西斯，這樣子打招呼似乎更是拉近了各種族之間的距離，不管是印度裔、非洲裔、法裔、英裔或華裔，統統都是親臉頰打招呼且樂在其中！

姓氏，或是經由朋友或親戚知道他們。透過這種方式，人們在社會上和地理上能夠相對輕鬆的「放置」彼此。但或許也是因為生活相對簡單，大家聚集在一起時真的很愛聊八卦，或是散播別人家生活瑣事的謠言。「好事不出門、壞事傳千里」用在模里西斯，再貼切不過。

模里西斯人聚在一起時，最常聊的話題不外乎政治和足球，其次就是分享小道消息。我有一次從學校回家路上臨時前往購物中心買朋友的生日卡片，之後一踏進我爸的辦公室，他劈頭就問我剛才在購物中心幹嘛，而且旁邊還有異性。原來是我爸的朋友在購物中心瞄到我，直接打給我爸說他看到我，然後旁邊還有一些男生（事實上那些男生只是剛好出現在我旁邊的陌生人）。我就這樣被以為我跟男生去幽會而被我爸唸了一頓。不正確的指控當然讓人生氣，但我在模里西斯待愈久，發現自己也開始習以為常，見怪不怪了。

講話時的比手畫腳是一門藝術

模里西斯人是把手勢和肢體語言發揮得相當淋漓盡致的族群。雖然比手畫腳在不同的文化與傳統下會稍嫌不禮貌或過於情緒化，但在模里西斯，一邊強調觀點一邊揮舞手勢並不少見。而且模里西斯人通常比較喜歡誇張的講話方式，為了加強說話時的抑揚頓挫，便不知不覺加上了很多動作。對於模里西斯人而言，比手畫腳是交流時表達自己一種非常自然的方式。

我剛到模里西斯時，很快就跟當地模里西斯人一樣，只要是不認同、不同意或煩惱時，講出口的句子一開始都一定伴隨著感嘆聲「Ayo！」，手再相當自然地往前舉起，頭左右搖晃。我媽媽很不喜歡我在講話時把手舉在半空中（其實有點像跳印度舞的手勢），覺得不太禮貌，但我每次都回答她，誰叫我有模里西斯人的基因！對我而言，這類肢體語言真的就像是與生俱來，倒是花了點時間才收斂很多。

其實模里西斯人喜愛講故事，溝通時喜歡冗長的細節敘述，多了手勢和動作為輔助倒也不是壞事，而且更多了一份渲染力。

家族團結力量大

家庭在模里西斯的社會裡扮演著

很重要的角色。雖然不同種族可能有不同程度的家庭黏著度（比如印度裔模里西斯人會比克里歐家庭來得更注重），但普遍來說，不管何種文化背景的模里西斯人，都和自己家族有一定程度的緊密聯繫。具體表現可以是參加家族生日、婚禮或聚會。很多家族都是三代同堂住在一起，就算不住在一起，也可能是同個區域、同條街。

由於模里西斯社會相當重視家庭團結，所以多數人都會以家庭為中心，把家庭的需要放在自己前面。此外，同族通婚也是常態。事實上，在選擇約會或生活伴侶時，一個人的種族通常被認為比社會經濟階層更重要。與非自己族群的人約會或結婚，通常會面臨遭到家人反對的風險，因為傳統觀念認為，跨種族婚姻會導致婚姻衝突或離婚，姑且不管這樣的認知是個人喜好或是預期的社會習俗，有一部分的原因也是因為想鞏固自身種族的血脈傳承。

當然，今日社會裡，愈來愈多模里西斯年輕人走上了跨種族婚姻之路，但大多都會經歷一場家庭革命。我記得小時候爸爸跟我說過，

令人哭笑不得的獨特華人姓氏

模里西斯一九六八年獨立後，政府在做人口普查與紀錄時碰到了一個難題：華人的名字很長，尤其是三個字的，官員不知道哪個是姓哪個是名，陰錯陽差之下，華人的全名就變成了姓氏！「祖先」的全名，變成了所有後代子孫的姓氏。

這種特殊的姓氏有個優點。只要詢問姓氏，就知道對方歸屬於哪位祖先。

以我當範本，我在模里西斯的全名是「Cindy, Koon Po Yuen」——因為「Koon Po Yuen」是我爺爺的全名（管保源）。「管」本來才應該是我的姓，偏偏當初官員不知道想什麼，整個「管保源」就這樣成了我們家族的姓氏，我爸的全名就成了「Robert, Koon Po Yuen」。

模里西斯以前考試都是用填塗卡答題，這件事在寫學校考卷時實在有夠麻煩，因為實在要塗太多黑格了！

全世界最貴郵票之一

一個陰錯陽差的小舉動，讓一張小小的郵票變成了舉世聞名的珍稀郵票，這個故事發生在模里西斯。

英國殖民時期，當時的模里西斯總督夫人為了寄送由她主辦的舞會請柬，請一位手錶製作工人伯納特（Joseph Osmond Barnard）仿照當時的英國郵票圖案與刷色，製作模里西斯第一套郵票。一八四七年，模里西斯郵政局成功發行了一便士紅色和二便士藍色兩種郵票，各五百枚。這批郵票大部分被總督夫人用於請柬，剩餘少量公眾發售。

後來，由於發現設計有誤，伯納特把「Post paid」（郵資已付）誤刻為「Post office」（郵政局），續用計畫隨之打消。發行量少，用於請柬的多數又被丟掉，隨著時間洗禮，最後剩下各不到十幾枚的兩種郵票因之顯得特別珍貴，在拍賣場上以驚人天價進行拍賣。

雖然設計錯誤是這套郵票的特徵，但很多郵票專家認為其真實性仍有待論證。可是無論如何，一套郵票中誕生了兩枚世界珍郵，也是傳奇。

一九九三年，模里西斯某財團付了兩百二十萬美元買下兩張未使用的郵票，目前保存在模里西斯藍便士博物館（Blue Penny Museum）內。世界上另一個可以看到兩枚郵票擺在一起的地方是瑞典斯德哥爾摩的郵政博物館。

我中國爺爺因為沒有資源或能力尋找華裔背景的結婚對象，後來跟我印度奶奶結婚後，反而被當地華人排擠。又因為那個年代不太認可跨種族婚姻，受了很多委屈，所以當婚後接連生了十個小孩，爺爺就一直灌輸小孩要娶華裔伴侶以符合社會期待。最好笑的是，我爸也把這樣的觀念從小灌輸給我。可見種族群體和父母對當地人在選擇伴侶上，仍有非常大的影響。

步調慢但腦子動很快

多數人對於島嶼國家的刻板印象通常都是人很熱情、很好客，積極正面的態度彷彿是島嶼人的先天基因。模里西斯人也不例外，熱情、友好和樂於助人往往是觀光客對於模里西斯當地人的第一印象，這些特點對於以旅遊業為主的模里西斯也非常有利。又因為模里西斯的多元文化歷史，大多數模里西斯人對於不同的文化都抱持開放態度，也接受外國人的不同習俗與方式。

此外，在模里西斯社交圈中，人際關係網絡是非常重要的，很多人透過不斷擴展自己的社交圈來建立自己在社會中的地位和信譽。自一九六八年獨立以來，模里西斯慢慢地從低收入農業經濟發展成了中等收入的多元經濟，這可不是天生

全國免費的教育與醫療

模里西斯一九六八年獨立後，政府視教育為國家發展重要關鍵之一，投入了大量人力資源和金錢。為了讓每個人都有平等的受教權，模里西斯人可以從小學一路免費念到大學，教科書和公共交通工具也免費。

目前在模里西斯，十六歲以前需要接受國民義務教育。公立學校遵循英國教育體系，私立中小學則傾向於遵循國際學士學位課程或法國教育系統。不管是公立或私立，所有學校都必須教授英文和法文，還可以再選擇第三語言（通常是在家裡會說的語言），主要包括印度文、中文、泰米爾文、泰盧固文等。其他語言包括義大利語和西班牙語，教學方式則因學校而異。

模里西斯沒有健保，但提供了完全免費的醫療系統。島上的公共醫療保健基礎設施包括五家主要地區公立醫院、四家專科公立醫院、兩家公立地區醫院、兩個心臟專科醫院。免費的醫療系統滿足了島上七成居民的需求，剩餘的多半選擇自費前往收費較高的私人診所和醫院。

由於公立醫療一直面臨人手不足、人力資源分配低下和低效率行政系統的挑戰，去公立醫院就醫都得等非常久，模里西斯政府二〇二一年初啟動了電子醫療系統，希望能讓整個系統現代化，過渡到以技術為基礎的醫療服務。

好客的結果。模里西斯人在這五十幾年內展現了積極向上的力量，搭配著樂觀進取的態度，在島上匱乏天然資源的條件下，依舊讓國家經濟持續朝穩定發展的路途邁進。模里西斯人歷經幾百年的殖民，在某種程度上演練出了超強適應力，對於周遭環境相當機敏，也會從中尋找可以成功的因子。

不過呢，模里西斯人辦事效率不太好，而我只能說這可能就是住在天堂島嶼的自然步調。我在模里西斯二十幾年的經驗是，不管社會進步與否，當地人可都是百分之百地把生活純樸的簡單步調應用在工作中，不知道他們是不是都這樣想：「畢竟都住在天堂島上了，怎麼可以有時間壓力呢？」

賭博項目是聊天好話題

模里西斯有很多合法賭博的方式，可以去賭場賭博、賽馬場賭馬、看電視轉播玩足球運彩、買彩票、刮刮樂等。對於模里西斯人來說，賭博已經是生活中一個重要部分。不管是和朋友或家人在一起，賭博都是茶餘飯後一個令人興奮的話題。

在模里西斯，賽馬賭局就像是台灣的樂透一樣，是一項全民運動！只要賽馬季節到了，周末就會看到四處排隊投注的人群。

僅次於賽馬投注，足球也是全國性的痴迷。模里西斯人對體育充滿熱情，無論是在體育中心還是海灘上也都有充足的機會參加體育活動，但對許多人來說，體育是用來觀看的，不是用來玩的，所以大家一起一邊看電視轉播一邊玩運彩，是件再稀鬆平常不過的事！

對於歐洲足球，模里西斯尤其是十足的鐵粉，不管在國家電視台或當地報紙上都是被密切關注的話題。大家會把自己喜歡球隊的足球隊服穿在身上，甚至把球隊的旗幟綁在院子裡的樹上，海報和紀念品也隨處可見。

不過，這些比較是屬於男性友人間的樂趣，彩票相對來講更老少咸宜。在模里西斯，不管是超市或加油站都能輕易買到彩票。對於當地人來說，一張小小的票券，承載了許多人的發財夢。

賽馬能促進和平！

模里西斯的賽馬歷史最早可追溯到一八一二年英法拿破崙戰爭後。

那時候之所以創立賽馬俱樂部，目的是想讓法國殖民者與征服模里西斯的英國政府和解。創辦人們確信，經過多年戰爭，賽馬的歡樂氛圍將促進兩個族群之間的團結，並確保社會和平與和諧。當時新任的英國總督與他的法裔妻子就相當積極地支持賽馬俱樂部，甚至提供了俱樂部第一個比賽金盃。

一個簡單的初衷，讓賽馬在模里西斯人心中烙下了屹立不搖的地位，歷經兩百多年後，賽馬在模里西斯現代社會裡已經演變成了全民運動，是當地人生活中最大的樂趣。

模里西斯的賽馬專用「戰神賽馬場」（Champ de Mars）是南半球最古老的賽馬場，位於首都路易士港。模里西斯的賽馬季是每年三月到十二月，賽季中每個星期六或星期日都有比賽。

雖然每個人都可以賭馬，但由於打從殖民時期賽馬就是上流社會的象徵，有錢人都有自己的馬廄、馬匹和騎師，在賽馬場也有自己的包廂，賽馬成了在模里西斯唯一能感受到社會階層劃分明顯的活動。

親臨賽馬場有一種致命吸引力。就算對賽馬興趣缺缺、對賽馬規則一竅不通，只要到了現場，感受好幾萬人在槍聲一響馬兒衝出時的歡呼，以及馬匹奔過終點線贏家們如雷貫耳的吶喊，就算沒有花錢賭馬，那一瞬間都會覺得自己是個贏家，難怪賽馬活動每次都是盛況空前。

我很常被問「比較喜歡哪裡的食物」，老實說，這實在是天人交戰！

每次回到模里西斯，沒幾個幾星期後我就會開始想念台灣食物的多元選擇和便利性。但回到台灣沒多久，我就會開始想念模里西斯食物的純樸滋味和獨特。

台灣的多元文化造就了美食天堂，模里西斯多重的殖民歷史則讓美食與文化交相輝映。好吃與否或許見仁見智，但有一點我可以掛保證——模里西斯一定有你會吃或喜歡吃的食物！

品嚐
模里西斯

舉世聞名～

香草紅茶

一講到紅茶，腦袋彷彿自動聯想到英國人，他們對茶的情有獨鍾舉世皆知。由於模里西斯曾被英國殖民，茶對於模里西斯人來說也不僅僅只是一杯茶，跟模里西斯每個家庭的關係更是密不可分。

模里西斯第一株茶樹是一七六五年法國殖民時期由一位法國牧師從中國引進的，但在後來的英國統治時期茶葉種植才變得普及。模里西斯的中部山坡地帶氣候涼爽、溼度相對高，很適合種植茶葉，今日便坐落了許多茶園，其中 Bois Cheri 茶園（Domaine de Bois Cheri）是模里西斯最早開始營運的茶園，也是知名度最高的，其香草紅茶最受歡迎。

香草紅茶是搭配香草莢薰香而成，帶有淡淡的香草味道。出口到世界各地，因為風味獨特，在紅茶界頗具知名度。

茶是模里西斯人不可或缺的飲品之一。傳統慣例是拿鬆散的茶葉放進熱水煮滾後，再加上奶和糖煮成熱奶茶。早上喝一杯，有時候下午也會再來一杯。有客人來訪時，為客人煮上一杯奶茶似乎已成不成文習俗。

模里西斯家家戶戶各有不同的方式品茶，許多人家都有代代相傳的自家食譜。從花園裡的荳蔻，八角、茴香或新鮮薄荷，甚至其他祕密配方，統統都可以拿來煮茶。特殊的味道不只是家族專屬的獨家口味，也傳承了一個又一個家庭的故事。

我十四歲被爸爸接回模里西斯後，每天早上必喝的飲料不是果汁也不是牛奶（模里西斯只有保久乳，沒有鮮奶），而是用模里西斯香草紅茶和奶粉泡的奶茶。和我們同住一個屋簷的姑姑泡的奶茶，奶茶控若沒喝到保證遺憾。

標著 Bois Cheri 的藍色外盒打開後是一包包不起眼的茶包，每天早上姑姑會一次拿兩包放入馬克杯，先倒進約三分之二的熱水後靜置三到四分鐘，再用湯匙按壓茶包讓茶色變得更深。接著適量放進模里西斯蔗糖，再迅速加入兩湯匙奶粉快速攪拌，直到出現無可挑剔的奶茶色，這才再次注入剩下的三分之一熱水。

流程看似簡單，但要泡出一杯飽和度適中、香氣逼人的奶茶，著實需要一些小技巧。我曾如法炮製姑姑的做法，卻泡不出一樣好喝的奶茶。

隨著世代推移，除了香草紅茶，如今各種口味推陳出新，更難選擇：椰子、檸檬、熱帶水果，綠茶和草本茶，還有周邊產品如茶葉餅乾、紅茶軟糖等等。不變的是模里西斯的茶文化擁有深厚的歷史和文化底蘊，當地人喝茶喝的是傳承。

不管在模里西斯哪裡都一定有茶。茶葉愛好者走一趟品茶之旅，將更加深入了解模里西斯的茶文化和經濟發展史。

全球獨門家族配方

樹薯餅乾

走進模里西斯東南部開業已有一百五十年悠久歷史的樹薯餅乾（Biscuits Manioc）工廠，彷彿親眼見證了當初法國殖民時期餅乾的起源與製作方式。工廠裡的擺設與機器幾乎沒有改變，秤重和生火的方式也同樣使用最原始的設備，餅乾依然全程手工製作。

你很少會遇到一個不知道樹薯餅乾的模里西斯人，雖然不是每天喝茶時都會吃，但樹薯餅乾總能帶回童年的美好回憶，畢竟多數學生校外教學時都參觀過餅乾工廠，進而認識歷史悠久的樹薯餅乾，對於較年長的老一輩來說，樹薯餅乾更是生活的一部分，因為當年的餅乾品牌不像今天這麼多。

樹薯餅乾的故事始於一八六八年的法國殖民時期，由一位法國裔定居者的兒子Hilarion Rault所發明。第一次世界大戰期間，麵粉等基本進口原物料取得不易，但樹薯（木薯）原料很容易獲得，這種以樹薯粉（木薯粉）製成的餅乾因此愈來愈受歡迎，甚至曾經在倫敦舉行的佛朗哥英國展覽會上獲得國際認可的銀牌，擁有獨特的配方。

由於樹薯餅乾的原始用途是餵養動物，負面觀感使其銷路不佳，工廠也在之後毀滅性的颶風中被摧毀了兩次。後來工廠得以重建要歸功於創始人的孫女特雷莎（Thérèse），現今的餅乾工廠除了可以參觀，更可以在現場品嚐各種口味的餅乾，搭配茶或咖啡。

樹薯餅乾因為是純手工製作，僅僅使用木薯粉、糖和天然香料，不含防腐劑和任何添加劑，看起來相當粗糙。可這也是樹薯餅乾的魅力所在，初次品嚐你可能不會喜歡，因為吃起來很乾，但其實吃餅乾時通常會伴隨一杯茶或咖啡。多試幾次，你就會習慣那個味道然後喜歡上它。

樹薯、馬鈴薯、番薯是世界上三大薯類。馬鈴薯和番薯都會做成像是洋芋片來販售，樹薯餅乾在市面上倒是很少看到。樹薯富含維生素、礦物質等四大營養價值，有助於血糖穩定與排便順暢等功能。有

機會在模里西斯超市碰到的話可以買來試試看，也很推薦去工廠參觀，親眼觀賞餅乾製作過程，享用餅乾時，肯定會多一份純樸原始的感動。

每到一個國家旅遊，遊客最難抗拒的四個字就是「當地限定」，箇中奧妙正在於那特殊性和稀有性。好比像是樹薯餅乾這種模里西斯才有的特色美食，以及手工藝品、獨特的紀念品、文化禮品等。購買當地限定商品可以支持當地經濟、幫忙推廣當地文化和促進產業發展，若能更深入的了解商品背後代表的文化與故事，更能透過這些限定商品了解當地的風土人情，開啟一段文化之旅。不管是買來自用或送禮，都添加了紀念價值與意義！

國產啤酒萬歲！

鳳凰啤酒

一九六三年八月，模里西斯最大的飲料生產商鳳凰集團首次推出了「鳳凰啤酒」（Phoenix Beer），遵循傳統釀造方式、採用優質原料釀造，品質優越的鳳凰啤酒很快就廣受眾人喜愛，地位至今屹立不搖，甚至改變了模里西斯人的生活風格。在模里西斯人的心中，鳳凰啤酒永遠占有特殊地位，不只是歡樂和友誼的象徵，更能把來自不同背景和不同世代的人聚集在一起，分享特殊的時刻。

之所以取名「鳳凰」是希望能像鳳凰鳥一樣翱翔，征服新的目的地，成為生活和夢想的靈感來源，鳳凰啤酒今日也確實獲得了全球讚賞，並獲得了許多國際獎項，連續多年在全球性食品權威評鑑機構「世界菸酒食品評鑑會」（Monde Selection）中榮獲啤酒工藝最高金牌或銀牌等獎項。

鳳凰啤酒的酒精含量五％，金黃色，屬於拉格啤酒（Golden lager）。因為是在低溫環境中的下層發酵酵母所釀造，酵母味較淡，口感清新滑順，深受模里西斯人與觀光客喜愛，從酒吧、餐廳、飯店到超市都有販售。

鳳凰啤酒有瓶裝和罐裝等不同的包裝，除了常規的鳳凰啤酒，鳳凰集團也推出了不同的口味，像是和水果口味混合的 Phoenix Shandy 和無酒精版本的啤酒 Phoenix Zero。

來到模里西斯，在海灘上做日光浴或是純粹享受美食的當下，嚐嚐鳳凰啤酒吧！這是融入模里西斯最直接的妙方。

PHOENIX
BEER
SINCE
1963
INTERNATIONALLY RECOGNISED

國際知名掛保證 蘭姆酒

模里西斯蘭姆酒製作可以追溯到十九世紀初，全盛時期約莫有一百三十五家製酒廠，現今剩下六家，其中四家開放觀光客試喝，分別是北部的 Labourdonnais（Domaine de Labourdonnais）和 New Grove（New Grove Rum）、中部的夏瑪瑞酒莊（Rhumerie de Chamarel），以及南部的 St. Aubin 酒莊（Domaine de St. Aubin）。

在模里西斯，蘭姆酒分成三大類。第一種是由甘蔗的糖蜜製成的傳統蘭姆酒，第二種是用甘蔗汁製成的農業蘭姆酒，第三種是香料蘭姆酒。通常來說，農業蘭姆酒帶有更多甘蔗香氣，也比傳統蘭姆酒來得貴一點。

模里西斯位處熱帶，所以蒸發程序比在溫帶地區快，陳釀時間也比其他地方短。在島上陳釀八年的蘭姆酒，相當於在其他地方陳釀二十五年。

雖然全世界不只模里西斯生產蘭姆酒，但模里西斯的蘭姆酒之所以能脫穎而出，是因為搭配了島上生產的鳳梨、香草莢、椰子、荔枝自製浸漬液酒（Infusions）後，其品質和新鮮度可說都更勝一籌。其他的或許嚐起來比較像加了甜糖漿，模里西斯的卻是香甜與可口兼具的酒精飲品。

模里西斯有一款非常經典的調酒飲料 Mojito 就是使用當地蘭姆酒、氣泡水、新鮮檸檬和新鮮薄荷葉製成，既清爽又可口，到模里西斯有機會一定要點上一杯才算不虛此行。不喝酒的話可改點 Mojio Virgin，同樣非常消暑！

Mojito

SAINT AUBIN
1819
MAURITIUS
RUM
RHUM•RON
BLACK
700 ml
SAINT AUBIN
1819
MAURITIUS
RUM
RHUM•RON
DARK
700 ml
Isle de France
1715
2015
RHUM
Récolte 2005
70cl
40%vol
Mauritius
1814
2014
RHUM
70cl
40%vol
SAINT AUBIN
1819
RUM
RHUM•RON
40% vol.

超級混血兒 克里歐食物

何謂模里西斯食物（暱稱「克里歐食物」）？

說穿了就是個超級混血兒，既受到非洲和印度影響，又帶點法國風味，是模里西斯人人知曉人人愛的菜系。除此之外，模里西斯不同種族也有自己的代表性食物，還有許多源自印度的食譜被轉化成有趣的版本，甚至取了帶有異國情調的法國名字。彼此欣賞、跨種族的融合，在模里西斯的食物上表現得淋漓盡致。

小炸物立大功：辣椒丸子

不管社會地位、種族和背景，模里西斯人的共同點都是：對辣椒丸子（Gato Pima）擁有堅定不移的熱情。

把浸泡一夜的黃豌豆磨碎，與香料、香菜、蔥末、薑黃和辣椒混合，再放進油鍋炸成外表酥脆、內餡柔軟的丸子，源於法國的「Gâteaux Piment」原意辣椒蛋糕，實際上和蛋糕差遠了，口感比較像是中東鷹嘴豆餅的蓬鬆版本。

你可以在模里西斯每個城市和村莊找到辣椒丸子。最道地的吃法是把剛出爐的圓麵包或法棍塗上奶油，夾入脆脆的辣椒丸子，再撒上一些辣椒，然後靈魂就會直接被賣了，口感相當立體，吃法亦充滿層次！炸物的真諦就是不需要知道裡面是什麼，只要好吃就好～

絕代雙「餅」之一：黃豆餅

黃豆餅（Dholl Puri）源於英國殖民時期，當時英國政府引進的印度契約勞工想做家鄉的填充扁麵包（Paratha），礙於手邊原物料有限，只能以僅有的餡料製作，隨著時間推移，最終演變成了模里西斯的「國寶級」街頭美食。

用麵粉做成的印度餅很常看到，但用黃豌豆做的黃豆餅可能對台灣人來說特別陌生。黃豆餅看起來類似玉米餅，但口感很不一樣。最常見的組合是包入黃豆咖哩、克里歐風格的新鮮番茄醬、醃製蔬菜和辣椒，然後再用紙捲起來吃。

在模里西斯，經常看到攤販踩著後頭有特製透明玻璃櫃的腳踏車在街上兜售黃豆餅。你會發現，不管在哪裡買，味道都很一致。也因為方便，隨時都可以吃，當早餐、午餐、下午茶或晚餐，都很適合。

一開始嘗試黃豆餅時，可能很不習慣嘴中殘留的粉粉口感，而且整個餅薄薄軟軟的，一撕就破。如果你有吃過，會覺得「破布」這兩個字把這餅形容得非常貼切。但吃著吃著，等到餅裡包裹著的內容物

在口中跟餅皮合而為一時，那是一種祥和的感覺。肯定會讓你回味無窮！如果手上再搭配一瓶可樂，就更完美。有這麼一說，如果你站在街上吃黃豆餅沒有弄髒你的手，那麼你就是一個真正的模里西斯人。

絕代雙「餅」之二：印度餅

沒有一種街頭食物像印度餅(Roti/Farata)那樣深深扎根於模里西斯人心中。

印度餅可以是快速午餐也可以是療癒美食，可以在家吃也可以街上站著吃、餐廳吃，簡直是嵌入了模里西斯人的基因。想吃印度餅也不用特別找，因為哪都可以找到它。

印度餅是一種用油、麵粉、鹽和水製成的無發酵麵包，在扁平烤架弄熟後，會捲成一大捲放在紙上。模里西斯吃法通常是搭配Rougaille（番茄基底克里歐醬）、黃豆咖哩（Cari Gros Pois）與番茄香菜洋蔥沙拉（Chatini）。我個人非常愛吃，吃個一捲就滿足得不得了也飽到天靈蓋去了。

非回教徒也瘋狂：回教香料飯

回教香料飯（Biryani）是模里西斯回教徒的一道傳統佳餚，經常用於招待客人，不論是婚禮、盛典或特殊場合都品嚐得到。這道菜的製作過程相當繁瑣，準備時間也長，完成時則散發濃郁的香氣，深受每個人喜愛。

回教香料飯的特色是米飯與香料和肉類的完美結合。雞肉或牛肉通常會先用優格和香料醃製後再放入鍋內，然後加入長米、馬鈴薯、油炸洋蔥和豐富多樣的香料，包括薑、大蒜、肉豆蔻、肉桂、丁香和番紅花等，再用慢火燉煮好幾個小時，確保食材充分融合。在模里西斯，回教香料飯通常與新鮮香菜和番茄洋蔥醬一起食用，提升整體的口感和味道。

回教香料飯不是只有在回教人家才吃得到，模里西斯的餐館、飯店或街頭小販也隨處可見。我第一次嘗試回教香料飯是在一場婚禮當中，一開始還想說婚禮怎麼給類似咖哩拌飯的東西，吃了一口以後，就無比期待再次參加婚禮了。因為真的只要吃過一次，回教香料飯的味道和口感就能讓人難以忘懷。

誘惑力第一名：羊肉湯

印象中我第一次喝到羊肉湯（Haleem）是剛回模里西斯不久時。

記得那天風特別大，剛從山區下來其實挺冷，爸爸在市場馬路邊一輛貨車旁點了一碗用彩色塑膠碗裝的濃湯。我不疑有他，喝下第一口簡直驚為天人！熱熱的湯溫暖了身體產生了滿足感。後來爸爸隨手在我的碗裡加了一匙綠綠的東西（後來知道是花生香菜和辣椒磨成泥的醬），然後我應該就是一口氣喝到見底，沒有抬起過頭了。

爸爸說這是回教的羊肉湯，原本害怕羊肉騷味的我立馬對羊羊改觀，怎麼可以如此美味！現在羊肉湯是我每次回模里西斯必喝的湯，搭配著法棍沾著湯吃，總讓人一碗接一碗忘記什麼叫節制，誘惑力不可否認。

模里西斯路邊的羊肉湯攤販都是用五顏六色的塑膠碗盛裝，並使用中國式的湯匙（很奇怪，但很傳統）。慢慢在口中爆發和融化的慢煮肉，著實讓人無法抗拒。

模里西斯的羊肉湯和印度的不太一樣。模里西斯的比較稀，用簡單的黑扁豆和裂開的小麥（Crushed Wheat）代替無數的穀物，比較像湯而不是粥，聽說還能治癒宿醉呢！

模里西斯人精神食糧：花生

花生（Pistas）在我家是不可或缺的零食。爸爸常常回家手上就一包花生，說是誰誰誰送他的。

本以為是爸爸愛吃花生，後來才知道花生可說是模里西斯人的精神食糧。模里西斯處處可見賣花生的小販，叫喊著「鹹花生、水煮花生」。模里西斯人看電影吃的也不是爆米花而是花生。模里西斯俗語「吃花生看電影」的意思就是旁觀者清，可見花生在模里西斯的生活中占有多麼重要的一席之地。

不只街上，超級市場和傳統市場都看得到花生的蹤跡，賣花生的小攤販甚至會登上巴士兜售。雖然炒花生挺容易在街頭看到，但水煮花生才是比較受歡迎的。當然，如果你看到街上有人在排隊，不要意外，他們排的是花生。

最強消暑聖品：醃製鳳梨

通常鳳梨買來就是切一切直接吃，但在模里西斯，最常見的吃法是在甜美多汁的鳳梨中加入鹽巴和辣椒！你會發現在炎熱的夏天裡，醃製鳳梨（Ananas confit）吃起來比任何冰品都消暑。

模里西斯出產一種叫維多莉亞鳳梨（Ananas Victoria）的品種，特別甜，巧手雕刻留下鳳梨頂部後，放入裝有甜羅望子醬、辣椒和鹽的袋子裡，好好地搖一搖，就成了一道由甜、酸、鹹、辣完美交織而成的消暑聖品。

在模里西斯，經常可在路邊或小雜貨店外面看到販賣醃製鳳梨的攤販，既可以單獨做為小吃，也可以做為開胃菜或配料。

剛回模里西斯時我不敢吃辣，自從姑姑在家做了一道醃製鳳梨，口感又酸又甜又辣，讓我就此走上不歸路，無辣不歡！

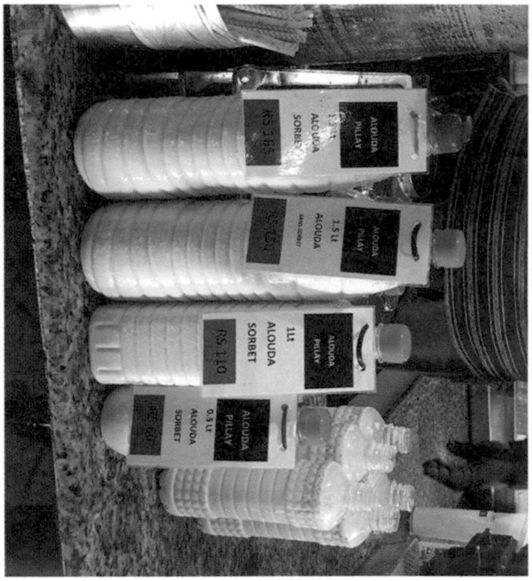

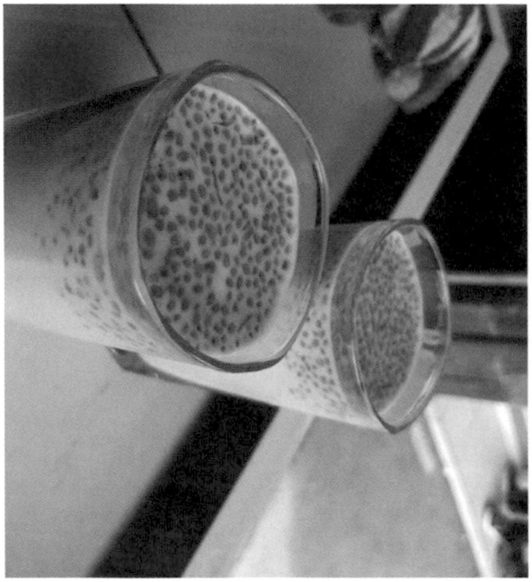

溫暖人心的冷飲：阿嚕達

清爽的冷飲阿嚕達（Alouda）有「模里西斯國民奶昔」之稱，很受歡迎。不但從北到南、從東到西，街上或市場都看得到攤販售，在家裡也能自行製作。對模里西斯人來說，阿嚕達就像是墨西哥人的龍舌蘭酒、法國人的葡萄酒一樣，代代相傳、是喝一口就會上癮的飲料。

受到印度甜點冰飲「法魯達」（Falooda）的啟發，阿嚕達主要由四種主要成分製成：牛奶、糖漿、羅勒籽和洋菜。糖漿是決定風味的最大因素，可以從香草、杏仁或玫瑰中選擇。模里西斯人最喜歡的口味是香草。

模里西斯廣泛使用洋菜（agar）。不同於明膠用豬肉製成，洋菜是對穆斯林、印度教徒甚至素食者更友好的選擇，通常會被壓碎放在奶昔最頂端。至於羅勒籽呢，其實才是這款奶昔最獨特之處。羅勒籽浸泡在水中時，種子會膨脹，為奶昔增添鬆脆感和耐嚼感。商家有時候也會在阿嚕達上放碎冰或冰淇淋，有助於食用辛辣食物後的消化。

從小孩到老人都非常喜歡阿嚕達，是炎熱夏日的終極飲料。最著名的阿嚕達在路易士港的中央市場，顏色五花八門，有機會一定要親自嚐嚐。

國民甜點：模式馬卡龍 & 香蕉塔

模式馬卡龍（Napolitaine）是模里西斯超級受歡迎的甜食，非常適合和咖啡或茶一起享用。傳統是用兩個圓形的奶油餅乾，中間夾著草莓果醬，最上層再裹上一層粉紅色糖霜。外觀感覺有法式甜點的浪漫，層次上卻多了非洲的狂野。以前每逢模里西斯獨立紀念日，學校都會分發模式馬卡龍給學童，所以幾乎每個模里西斯人都吃過。

雖然今日的甜點種類很多，模式馬卡龍的魅力卻有增無減。現在除了粉紅色，烘焙業者也推出了不同的糖霜口味，甚至愛心形狀的模式馬卡龍。

香蕉塔（Tarte Banane）在模里西斯同樣隨處可見，被認為是一種代表傳統和家庭的模里西斯甜點，經常出現在家庭聚會和節慶活動中，導致模里西斯人看到香蕉塔都會感受到某種溫暖。香蕉塔的塔皮酥脆，內餡以新鮮的香蕉泥和蔗糖熬煮而成，一口咬下去，幸福感瞬間充斥口腔，是我最愛的下午茶小點心。

華人料理

模里西斯的第一波中國移民浪潮是一七八〇年代，所開設的商店和餐館多數現在都還在唐人街。雖說整體華人（其中多數是廣東梅縣人）僅占模里西斯人口三％，但華人食物在模里西斯人心中卻占有非常重要的一席！

如果問一位非華裔的模里西斯人他最喜歡吃的當地中國菜是什麼？應該清一色會回答；如果再追問他知道的中國菜有哪些？答案千篇一律會是「炒麵、米粉湯、蓋飯、水煮麵和佛手瓜丸」——因為無論是在模里西斯的中國餐廳或美食廣場，菜單上都只有這些。而這正是這幾道料理引人入勝的地方，即便經過百年也未隨著時光的推移而增添或改變，仍然保持著原汁原味。

首先講炒麵（Mine Frite）。炒麵有什麼好介紹的？如果你這樣想就大錯特錯了。模里西斯炒麵最神奇的就是，同樣是炒油麵、紅蘿蔔絲、高麗菜和肉，再加點醬油和調味料，吃起來的味道就是不一樣！而且這個「不一樣」會讓人懷念、這個「不一樣」會讓人上癮。目前我認識去過模里西斯吃到炒麵的台灣人，回台灣後念念不忘的就是「炒麵」。

我吃過模里西斯全島許多家炒麵，我覺得唯一成敗就是鹹度。有時候太鹹，我往廚房偷瞄，掌廚的是當地克里歐人，難怪下手重了些。當地克里歐人吃的都比較重鹹。總之炒麵的人是關鍵！但這只能碰運氣。若是鹹度適中的炒麵，連我這種對澱粉還算有克制力的人都得投降，吃得欲罷不能，尤其是加上蒜水和綠辣椒後。

蓋飯（Bol Renversé）則是一道挺獨特的模里西斯中國菜。字面意思是顛倒碗，也被稱為魔術碗或神奇碗。傳統上是先把煎雞蛋放到碗底，再把有濃稠醬汁的炒雞肉和蔬菜疊上去，最後放上煮熟的米飯，然後倒扣在盤子上。如此一來，把碗拿起來後，盤子上就會出現一座層次分明的小丘，視覺感頗為強烈。蓋飯會讓人吃到想把盤子舔乾淨，因為醬汁非常下飯！

至於水煮麵，我爸爸很愛開玩笑，有一次他問我要不要吃光屁股麵，我聽到後眼睛瞪得大大，想說這是什麼笑死人的名稱。原來他講的是經典的模里西斯中國菜「水煮麵」（Mine Bouille），由於當地人也稱之為「Mine Touni」，直譯就是光溜溜的麵。水煮麵純粹只吃麵加蔥，配料通常搭配小章魚、雞肉或牛肉，配料也都有醬汁可以混著麵吃。隨餐也會搭配番茄洋蔥辣醬（Chatini），也可額外再加滷蛋（其實比較像鐵蛋）或荷包蛋。

丸子也瘋狂

我常想，「圓形」（不是原型）食物對模里西斯人或許具有某種魔力。到哪裡都可見到的丸子湯是模里西斯全年度都讓人享受的料理，尤其冬天，縱使模里西斯屬於熱帶氣候，冬季其實不是很冷，大家仍然需要療癒系熱食，而丸子湯的療癒效果當之無愧。

模里西斯的丸子種類很多，魚丸、牛肉丸、燒賣等等都可以拿來蒸好直接吃，或是放進湯裡。其中最值得一提的是全島人人知曉人人愛的小吃，佛手瓜丸（Niouk Yen），又稱為「Boulette Chouchou」，也就是把佛手瓜削成絲，基本調味後捏成丸子拿去蒸。名字中以「瓜」做結尾的蔬菜或水果我都不太愛，唯獨對佛手瓜丸愛不釋手，因為一點也吃不出瓜味。而且任何丸子只要加入切碎的蔥和辣椒醬一起食用，真的是既方便又美味。

來去模里西斯大啖海鮮？

想到海島，第一個念頭經常是能吃到超新鮮超便宜的海鮮，不過模里西斯不一樣！

雖然擁有廣大的經濟海域，漁業資源非常豐富，但是模里西斯政府怕過度捕撈會傷害海洋生態，為了妥善保護漁業資源，在一九九二年採取限制捕撈措施。只有取得執照的漁船或漁夫才可以捕撈之外，捕撈到的漁獲不是出口國外，就是提供給當地的度假村或知名海鮮餐廳，導致模里西斯人想吃海鮮得倚靠大量的進口海產。

記得我一九九五年剛到模里西斯時，超市裡是看不到任何新鮮海產的，只有冷凍海鮮，這幾年雖然可以在超市找到一些新鮮海產，但數量非常少。自己家裡若想吃海魚、龍蝦、螃蟹等新鮮海鮮，往往要透過認識的漁夫才有辦法取得，不然就得去餐廳吃，但餐廳的價錢有時候很嚇人。

相對基本的海鮮像是章魚、魷魚、小魚、小蝦之類，一般平民老百姓比較容易取得，價錢也比較可以接受，但絕對不是你想像那種坐在海灘旁盡情大啖海鮮，價錢便宜到讓人意猶未盡。

反之，如果你住在模里西斯的度假村，運氣好的話，碰到晚餐主題是海鮮之夜，那就真的是海鱔、龍蝦、生魚片、生蠔吃到飽了！

全島有默契
緣由成謎的餐廳文化

模里西斯的餐廳有一些看似莫名其妙，但是全島超有默契的飲食文化特色。不管是哪種等級或菜系（中國餐廳、法式餐廳、克里歐餐廳），菜單上八九不離十，一定都有以下品項。

永遠都有炸魷魚——

炸魷魚是一道不成文但全島都超有共識的前菜！當然，是否炸得酥脆好吃得看廚師功力。炸物其實是早年保存食物的方式，但對於今日的模里西斯人來講，炸物是幸福的象徵，完全沒有因為健康意識抬頭被其他食物取而代之。連我這種平常不太吃炸的人，到模里西斯入境隨俗，還真的到哪都會點上一盤炸魷魚！再配上模里西斯當地綠辣椒，或是當地的啤酒，真是讓人無法抗拒！

漢堡薯條與肉醬義大利麵不嫌多——

模里西斯餐廳簡直就是小孩的美食天堂！多數小孩子愛吃的漢堡、薯條或義大利麵一定會出現在菜單上，我兒子曾經每天中午吃不同餐廳都點肉醬義大利麵，連續吃了快兩星期還吃不膩！我也曾經長達兩個星期每天都點漢堡。其實我不是漢堡愛好者，但平心而論，模里西斯的漢堡都由餐廳大廚特製，口味獨特，口感層次豐富，簡單又不簡單的味道，著實療癒人心。

滿滿法式魂的甜點——

模里西斯受法國殖民影響，在食物上表現得最淋漓盡致的是甜點！或許是因為法式甜點向來深受人們喜愛，所以才有辦法長時間穩坐甜點霸主的地位，在模里西斯任何餐廳最常看到的甜點是：熔岩巧克力佐香草冰淇淋、焦糖布蕾及法式薄餅。在模里西斯餐廳，法式甜點愛好者通常都抵擋不了這些甜點的魅力。

最經典的棕櫚心沙拉——

棕櫚心沙拉在模里西斯很著名，以前被稱為「百萬富翁沙拉」。因為這款沙拉是將法國料理中的高級食材棕櫚心切成細絲狀，佐以檸檬汁、胡椒粉和橄欖油而做成，棕櫚心吃起來的口感像筍子，卻更爽脆、鮮甜。由於一棵棕櫚樹的樹心只能提供給八個人享用，物以稀為貴，以前只有百萬富翁吃得起。現今模里西斯很多餐廳都提供棕櫚心沙拉，但當然也得看季節和供給狀況，所以能夠吃到的話非常幸運呢！

模里西斯
旅遊情報

實用Q&A

Q：如何前往模里西斯？

A：從台灣去模里西斯比較常見的飛法有兩種。第一種是從亞洲國家轉機搭乘模里西斯航空，目前只有馬來西亞有模里西斯航班可以直飛。模里西斯航空的亞洲航線預計陸續開通其他城市，詳細資訊可以上模航官網（www.airmauritius.com）查詢。第二種是搭阿聯酋航空公司先飛杜拜，在杜拜轉機。第一種飛法的票價通常比第二種來得便宜許多，飛行航程總時數相對也比較短。

Q：建議在模里西斯待幾天呢？

A：模里西斯可以玩的活動非常豐富，在保留足夠時間享受度假村設施的同時又想網羅心儀景點和想參與的活動下，建議待個五、六天比較盡興。不然活動玩到了但旅館沒有享受到，或是只享受了旅館行程卻無法安排得太多元。

Q：模里西斯天氣如何？

A：模里西斯位於南半球，氣候屬於熱帶海洋性氣候，可分成兩個比較明顯的季節。十一月到四月是炎熱的夏季，平均氣溫二十二～二十七度，適合水上活動；五月到十月為乾燥涼爽的冬季，平均氣溫十九～二十四度，早晚溫差較大。沿海地區的溫度通常遠高於內陸或中部地形較高的地方。

模里西斯唯一的天災是颱風，多數發生在十二月到四月之間，這段期間也比較多雨。由於全球暖化，近幾年模里西斯的天氣相對不太穩定，連不太下雨的冬季都會出現強陣雨，而且年度總雨量也比之前來得多！

Q：模里西斯使用何種貨幣？

A：模里西斯使用盧比（Rupee）。雖然和印度貨幣的名稱相同，但並不通用！建議帶美金或歐元在模里西斯機場換匯。至於要換多少呢？如果你的行程和旅館都已經事先預訂且付完款，真正會使用現金的地方只有小費或地方市場、路邊攤或計程車車資，現在模里西斯很多地方都可以收信用卡了。

模里西斯紙鈔上的華人是誰？

每個國家的紙幣都有自己的特色，有的是自己國家的偉人，有的是各種動物和建築，模里西斯也不例外，紙幣上印了各種人物，其中二十五元盧比上頭，赫然是個華裔臉孔。

這個第一位被印在國外鈔票上的華人名叫「朱梅麟」。朱梅麟的父親朱維勳在英國大量輸入中國勞工時來到模里西斯，興辦了百貨商場，後來朱梅麟繼承家業，把百貨商場發展成為全國連鎖商店。

二戰期間，模里西斯發生食物危機，朱梅麟號召同行們配合政府，將自己囤積的貨物拿出來，並因此事當選為模里西斯第一位進入立法會代表的華人。他也支援當時中國的對日抗戰，多次捐款、捐物。在模里西斯的主要經濟收入甘蔗的國際價格下跌情況下，朱梅麟利用自己的人脈，吸引了很多港台華人前來模里西斯投資，並力主擴大紡織業和化工業發展——也就是目前模里西斯的支柱產業。

由於上述貢獻，一九九八年發行的新版模里西斯二十五元紙幣，印上了朱梅麟的頭像。

Q：模里西斯的通用語言為何？需要中文地陪嗎？

A：模里西斯語言主要為英文、法文和當地方言克里歐語。在模里西斯，英文幾乎都可以通，只是聽不聽得懂而已，因為模里西斯人講英文有時候會帶點法國腔或克里歐腔，得很仔細聽才行。

至於中文地陪，除非你真的一點英文都不行，但又希望有人講解人文風俗民情，那中文地陪確實挺有用。但在模里西斯，會講中文的地陪不好找，得事先安排。目前中文地陪費用市場價約六十美金一天。小費另計。

Q：模里西斯衛生習慣好嗎？會吃不習慣嗎？

A：模里西斯旅館的食物都有品質控管，路邊攤當然不會太衛生，這個真的是看每個人的腸胃狀況。腸胃不太好的人建議不要吃路邊的食物。

至於吃不吃得慣，模里西斯的食物種類太多了，旅館每天都有不同主題的菜色，飯麵類天天都有，我只聽過吃太多變太胖，目前沒聽過吃不習慣變瘦離開的。倒是模里西斯的米主要以長米（Basmati）為主，米粒較長、口感蓬鬆，烹煮後粒粒分明，對於習慣吃質地柔軟、稍有黏性的亞洲米的人來說可能會稍嫌不習慣。若想品嚐口感較接近亞洲米的米飯，可能只有到中國餐館才比較有機會。這些餐廳通常使用泰國香米，其特有的香氣和口感更貼近亞洲米。

Q：啟程前要打預防針嗎？或是回來後需要打嗎？

A：模里西斯雖然隸屬非洲區域，但是不屬於疫區，更沒有傳染疾病，所以不用打任何預防針，從模里西斯離開後也不需要打。

Q：去模里西斯需要簽證嗎？

A：台灣護照目前入境模里西斯是落地簽，只要備妥回程機票、訂房紀錄和停留期間的財力證明（信用卡備著即可，幾乎沒問過）。目前落地簽證的停留期限最多給到六十天。簽證與入境須知可以上模里西斯外交部領事事務局（Passport And Immigration Office）網站查詢最新消息：http://passport.govmu.org。

Q：模里西斯有時差嗎？

A：模里西斯時間比台灣時間慢四小時。如果台灣時間是早上八點的話，模里西斯就是凌晨四點。

Q：模里西斯政局穩定嗎？

A：模里西斯是非洲區最民主的國家。政體是議會制共和國，實行立法、行政、司法三權分立制度。多元文化政策，政局穩定，人權侵犯少，媒體較自由。

如何規劃？

有「歐洲後花園」之稱的模里西斯除了擁有超高知名度，從歐洲出發的班機選擇也比亞洲便利許多，光從直飛航班的數量和每星期飛行次數就能明顯看出歐洲人對於前往模里西斯旅遊的人氣指數！

模里西斯是歐洲人心中的奢華休閒勝地，不管是蜜月或家庭旅遊，多數人的玩法都是選定一家喜歡的度假村待上一兩個星期，有些甚至住上一個月，然後在當地挑選想參加的活動。反之，如果是從亞洲前往模里西斯，飛行時間長加上航班選擇相對少很多的狀況下，旅遊規劃自然和歐洲模式大不同。

由於主流方式是入住各種星級度假村，度假村自然也提供多種住宿方案。歐洲遊客喜歡享受三餐全包（All inclusive）的服務，而考慮到亞洲遊客通常都是短暫停留，度假村也提供只含早晚餐（Half Board）的選擇，以滿足不同的市場需求。

雖然旅行方式不是永遠只有那一種，但由於網路資訊相對稀少，一旦內心萌生想前往模里西斯旅遊的念頭，以下幾點若先釐清，在旅行費用與時間安排上將是一大助力。

不建議先訂機＋酒後，才來做功課

如果只是想去泡度假村當然沒有問題，但如果想看特定景點、參加自費活動，先訂好再做功課可能會比較辛苦。怎麼說呢？自費活動散布在全島東南西北，如果你的度假村在東邊，但你想玩的在西邊，而且早上七點就得集合，由於從東邊到西邊得花一個半小時以上的車程，就得考慮何時起床。度假時大家莫不希望悠悠閒閒，不想早早起床，錯過度假村豐盛的早餐吧。

衷心建議

首先建議先了解模里西斯有什麼可以玩、什麼景點可以看，然後再決定住宿。第二，建議選擇入住兩個不同地理位置的度假村，比如一個東邊一個西邊，或是一個北邊一個南邊，如此一來車程與行程安排都比較有彈性。假如一直都住在東邊，去哪邊都遠，就會覺得每天的時間都浪費在車程上了。再加上模里西斯東西南北各有獨到之處，風景美不勝收，選擇不同的度假村可以欣賞不同的風光，更能品嚐到多樣的餐廳美食，一次滿足多重享受！

模里西斯的夜生活很豐富？NO NO NO

很多人想說模里西斯是海島，就和普吉島或峇里島一樣，晚上有夜市可逛、有腳底按摩店可以享受。這完全是想錯方向，模里西斯夜生活挺無聊，很多店五、六點就關門，餐廳也是八、九點。

腳底按摩應該大多數當地人都沒有體驗過，完全不是主流。受歐式風情影響，模里西斯主要走精油芳香按摩，而且多半是在度假村附設的芳療中心裡頭，因為多數當地人消費不起。

模里西斯的度假村網羅了各種項目。舉凡健身房、芳療按摩、海上活動、海灘運動，甚至高爾夫球，有些新的度假村甚至內建夜店。每個晚上度假村都有活動，比如唱歌或舞蹈表演，完全不需要離開度假村。尤其是東部和南部的度假村，周遭環境比較原始，晚上出來根本烏黑一片。

夜生活的豐富程度完全是看旅館風格。有些度假村風格比較沉穩，晚上就偏安靜，大家吃完晚餐就鳥獸散回房間享受個人時間。有些度假村各種活動強強滾，熱鬧非凡，全家大小都可以共襄盛舉。出發前建議多少了解一下度假村的特色。

自駕還是包車？

模里西斯交通不方便，公共運輸如公車或輕軌不是以觀光景點為主要路線，對觀光客來講一點都不省力，計程車也不是隨處都有，也沒有系統化的叫車 APP。旅館前面通常都有計程車進駐，但不隸屬於旅館，價錢得談，看是包半天（四到五小時）或包整天（七到八小時）。模里西斯的油價很貴，太繞路或太遠的價錢通常都不便宜，不然就是司機不願意接。如果碰到不老實的司機，那麼不是會付太多車錢，不然就是被帶到購物點（司機通常都能拿點回扣）搞到最後心情很差。選擇自駕的人多半是待上比較久，住的旅館也多半是民宿，自駕相對方便許多。

衷心建議

亞洲人來講，因為旅遊時間相對短，最舒服的交通方式自然是包車。我是覺得既然都跑了這麼遠，真的不要浪費時間在車程上，因為不熟悉當地路況或碰到塞車塞上大半天都是有機會避免的，包車真的玩得比較自在！

想更保險的話，可以事先和當地旅行社預訂行程，請他們安排包車。一來路線已經固定，價錢也都在市場價內。如果需要司機兼導遊（通常是英文）或中文地陪，也都可以事先安排。

若選擇自駕，請注意以下幾點：

一、模里西斯是右駕（跟台灣相反）。
二、除了省道，道路偏小不好開（不像美國或紐西蘭）。
三、紅綠燈很少，多用圓環控制車向。圓環有時候是最容易發生事故的地方。
四、很多道路晚上沒有路燈，晚上開車要非常小心。

模里西斯很小，去哪都很近？非也非也

模里西斯總面積不大，北到南約九十公里，東到西約六十公里，

經常讓人誤認為一天之內能夠環島，去哪裡都很近。

現實遠非如此。模里西斯目前主要有三條號稱「高速公路」(Motorway) 的省道 (M1、M2、M3)，但是一點都不快速，沿途還是有圓環和紅綠燈！

M1 算是最重要的一條高速公路，因為貫穿了模里西斯西北部的首都路易士港和東南部的機場。M2 則是路易士港前往北部的道路。由於在路易士港是開車一族的終極夢魘，塞車無極限，造成很多困擾，近幾年才蓋好的 M3 就繞過了路易士港從首都後面的山繞一大圈出來，距離雖較遠，但的確可以避開塞車時段。

如果是從東到西，模里西斯目前並沒有橫貫公路直接穿越島中間較高的地形。而且模里西斯的道路除了三條省道比較寬廣舒適，鄉間小城的道路都偏窄且拐來拐去很容易迷路。

也就是說，論距離的確不遠，但實際花的時間不如想像中少。如果要安排行程，千萬不要東南西北跑景點。不僅浪費時間在車程上，碰上塞車還會讓旅程掃興不少。

由於模里西斯從北到南如果要穿過首都路易士港只有唯一一條省道，上下班時間或是遇到突發狀況，塞車會塞到讓人懷疑人生。道路長期壅塞加上汽車使用量增加，政府從一九九五年就起心動念興建輕軌，礙於成本考量與政治因素而未執行，塞車的問題卻日益嚴重，總算在二〇一六年通過了輕軌系統的計畫。

這個計畫真的是「總算」，因為從我國中講到大學畢業結婚生小孩才實現，拖了非常久。還記得當年我在模里西斯上學時，天天都得經過這條唯一的省道，被塞車荼毒了很久。有時候我在車上睡了一下，醒來車子都還在同一個地方。

二〇二〇年，模里西斯的輕軌開通！總長二十六公里的輕軌路線連接了首都路易士港和鳩比市這兩大城市，中間有二十二個停靠站。車票或卡片在車站的自動賣票機即可購買，學生和年長者免費。輕軌車廂內有冷氣，時速約七十公里，一次可乘載四百二十二人，頗為先進舒適，目前每日搭乘人數約一萬多人。雖然路易士港的塞車問題依然存在，但至少不像以前那樣讓人厭世，也相信日後會有愈來愈多人更願意使用便利的輕軌。

旅館的價錢會隨淡旺季波動

不同於馬爾地夫是一島一度假村，模里西斯是個旅館島，整條海岸線都充滿著令人眼花撩亂的不同特色度假飯店與民宿，其中不乏國際知名集團，艾美、萬豪、威士町、四季、香格里拉、希爾頓、老爺、洲際等，統統都有在模里西斯拓點，整體品質都在水準之上。

模里西斯旅館的價錢受當地旅遊淡旺季的影響，同一間旅館的房間價錢最便宜和最貴的可以相差五倍以上，而且同一間旅館也會有六種以上的不同房型價格供旅客選擇。換言之，同一筆旅館預算，旺季可能只能選四星級旅館，淡季卻可以入住五星級度假村。有時候旅館也會祭出一些優惠價，像是早鳥優惠或蜜月優惠等。

所以選擇何時前往模里西斯旅遊很重要。一般來說，模里西斯的淡季落在五月到九月，這段期間的旅館房價比其他月份來得便宜，最貴則是十一月到四月，那是歐洲人冬天飛來模里西斯享受溫暖陽光的季節。

衷心建議

想去模里西斯遊玩若能提早作業是最好不過了。可以事先規劃在淡季前往的話，一來房價比較低，同樣預算可以享受到更好的旅館或房型，二來提早作業可以確保想要的旅館都訂得到。因為雖然說是淡季，滿房的狀況還是非常常見！尤其是疫情過後，歐洲遊客前往模里西斯遊玩已經沒有淡旺季之分。

旅館的新穎度比品牌重要

除了大家耳熟能詳的飯店品牌，模里西斯還有很多當地集團經營的飯店，無論住宿和服務品質也都不在話下，而且極具當地特色，地理位置相對優越許多。可惜若沒有被特別介紹，多數亞洲人還是傾向選擇下榻有聽過或已經存在品牌忠誠度的飯店。

模里西斯旅館有一個不成文的潛規則：通常都是十年一小修，

二十年一大修。如是之故，五星飯店沒有一定比較好，有些三星飯店的CP值可能很高。很多知名的五星旅館非常老舊，雖然頂著國際品牌的光環，硬體卻很令人失望。可能是因為還沒到整體全新裝修的時期，房間霉味很重，不然就是屋頂漏水、房間家具破損等，住起來其實不是很愉悅。相對的，有些四星飯店剛剛重新裝修，房間明亮、設備先進，住起來就很舒服。

衷心建議

除非有在官網上聲明，其實從網站看不出模里西斯旅館的新穎度。看網路上其他人的遊記也很難知道，因為可能那時候的旅館沒有裝潢，但是之後就重新整修了，就連住在當地的人也不一定會知道。由於旅館實在太多，所以還是得靠每年的考察，實地參訪每家飯店和房間，向旅館業者打聽是否有重新裝潢的計畫，或是哪個房型會局部整修等消息。如果真的想避開住到老舊旅館的風險，可以和我聯絡，我可以就我考察時的狀況，讓你盡量不要踩到雷。

登上炮台山
俯瞰路易士港

路易士港港口

路易士港的小店

國家植物園

大灣

紅頂教堂海邊散步

北部&西北部這樣玩

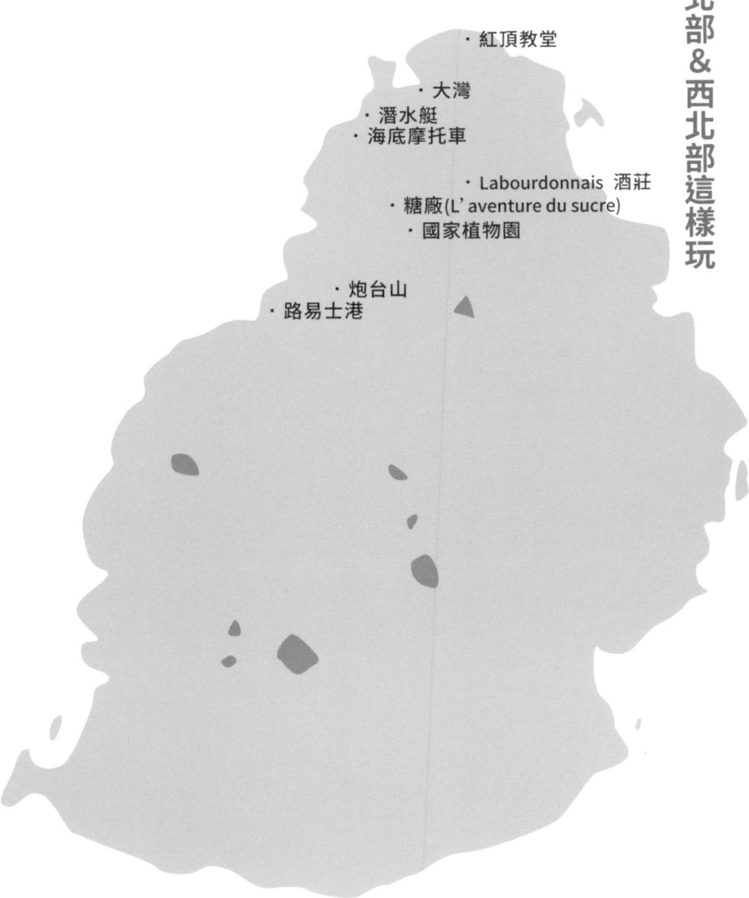

糖廠吃道地模里西斯料理

西北海灘看夕陽

Labourdonnais
酒莊品嚐蘭姆酒

搭潛水艇探索深海奧祕

海濱廣場的雨傘街

中部&中南部這樣玩

塔瑪瑞瀑布

天然橋

St.Aubin 酒莊試飲蘭姆酒

近距離接觸亞達伯拉象龜

荔枝酒廠品酒

滿滿的甘蔗

五百英尺瀑布

Bois Cheri 茶園品茶

夏瑪瑞酒莊選購蘭姆酒

參觀 Bois Cheri 茶園

國家公園瀑布

國家公園野營

坐直升機看海底瀑布

夏瑪瑞瀑布

七色土

西部&西南部這樣玩

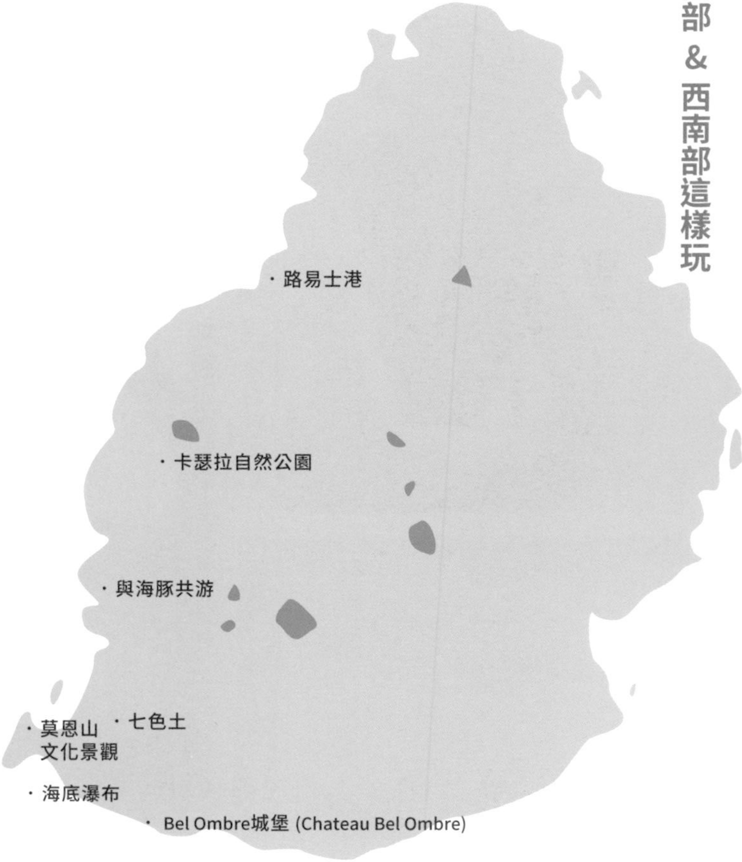

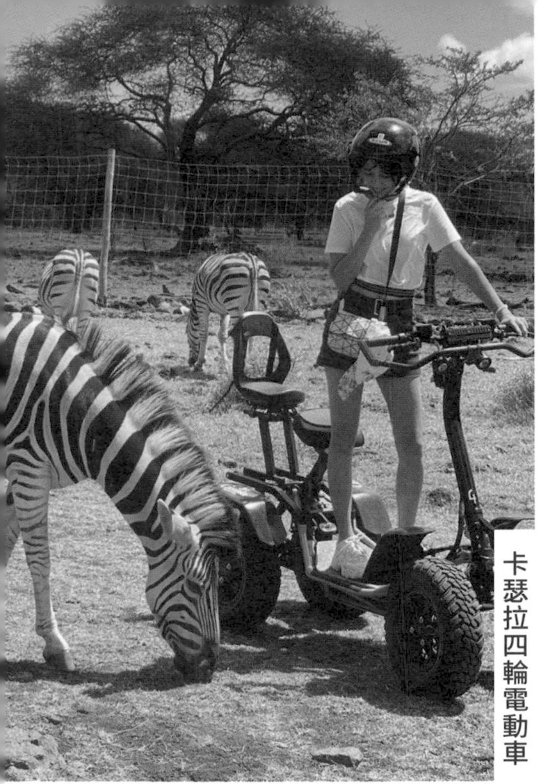

卡瑟拉四輪電動車

卡瑟拉餵長頸鹿

我與獅子

西邊海灘

爬莫恩山

莫恩山下騎馬

搭快艇看海豚

卡瑟拉與藪貓互動

Bel Ombre 城堡

遠眺莫恩山

Ferney conservation 保護區

琥珀島廢墟

莊園大榕樹

東部 & 東北部這樣玩

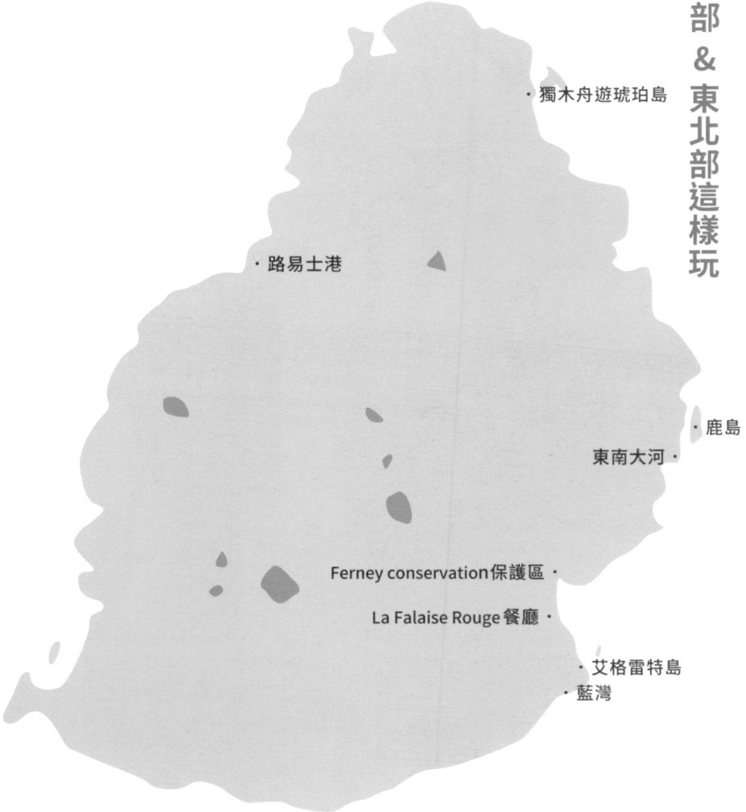

鹿島

壯麗的東南大河瀑布

la Falaise rouge 餐廳

獨木舟

莊園大榕樹

椰林大道

國家公園騎腳踏車

琥珀島老樹

我的模里西斯故事

我與模里西斯的緣分來自父親。

我爸爸是土生土長的模里西斯人。雖然嚴格來講，模里西斯沒有原住民。

模里西斯是一個因為殖民歷史而形成的多元種族國家，曾歷經荷蘭、法國與英國殖民，且在殖民期間引進了中國與大量的印度契約勞工，我爺爺（廣東梅縣人）和奶奶（印度人）就是在那時踏上了模里西斯，成為我們家族在模島的第一代居民。

爸爸受到爺爺孔子思想的影響，十八歲時毅然決定請家人贊助一張單程機票前往台灣學中文，而且執意娶會講中文有中華文化背景的老婆，就這樣認識了我媽（台灣人）然後不到三個月就閃婚。哥哥和我成了台模混血，小時候以華僑身分在台灣就讀，每年來回模里西斯。

「你爸爸要把你接回模里西斯念書了！」這句話徹底翻轉了我的人生。那時我十四歲。

依稀記得，國二某一天從住宿學校回到家中時阿嬤對我這樣說。接下來只知道我回房後眼淚不由自主地狂掉，也不知道在哭什麼。被家中老一輩帶大的我那時和爸媽其實很不熟，小時候爸媽都在國外工作賺錢，我和哥哥一直在台灣，偶爾才回模里西斯

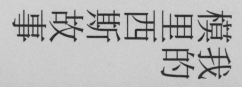

度假。年紀小的時候只覺得坐飛機好好玩，模里西斯旅館好大、泳池好漂亮。回去念書？跟爸媽住？我簡直無法想像。

「模里西斯」是一個我周邊完完全全沒人聽過的國家。當時的老師和朋友們都覺得我是要去非洲當公主、住樹屋——就是這樣陌生！

壓根來不及好好整理自己的思緒和情緒，下一秒我已經在模里西斯了。唯一能確定的是，我覺得自己的人生從那一秒開始，已經從彩色變成了黑白。

模里西斯位於印度洋上的馬達加斯加島旁邊，那時從台灣飛過去含轉機時間（從香港或新加坡轉）差不多需要十六個小時以上。由於多重殖民的關係，島上的人都精通法文、英文和當地的模里西斯克里歐語這三種語言，然後再加上自己原生種族的語言，比如客家話或印度文。

除了國際學校，學校大多以法文教學，但聊天或溝通多半使用克里歐語。當地人愛用法文，因為覺得法文是個高級的語言。克里歐語和法文很像，只是少了文法，其實比英文好學很多。但不難想像，只會講中文，英文不怎麼流利的我，絕不可能聽得懂法文或克里歐語。

我被送去當時模里西斯唯一一所國際學校。學校位於山中，不管是上課方式、老師的教學方法、功課模式，都和台灣截然不同，而且是一個三、四種語言混合的環

境。突然被丟進這樣的環境裡，我從愛講話變成了啞巴。因為我講的英文別人聽不懂，別人講的我都會聽錯。

模里西斯沒有所謂的補習或課後輔導，像我這樣突然插班的亞洲人更是少之又少，簡直是稀有物種。語言不通，交不到朋友，我每天晚上睡覺都默默流眼淚。

人真的會在壓力中成長。我從來沒這樣認真學過英文，我把課本裡每個字一個又一個翻成中文寫在旁邊，然後輸到大舅送我的新無敵電子辭典裡，每天晚上狂背單字。牆壁上也貼滿了法文單字。土話就和同住家裡卻不太會講中文的姑姑學。

那時模里西斯的物質生活很缺乏，要什麼沒什麼，交通也不方便。我爸爸是個嚴厲的爸爸，正值青少年時期的我覺得被困住了，被罵時甚至一度想離家出走。但這可能是模里西斯鳥不生蛋的唯一好處——我離開不了。家旁邊都是甘蔗田，能去哪？心裡只能想著高中畢業後就要遠走高飛，去超遠的國家念書，一定要離開這個超級無聊的地方。

我得逞了。大學跑去離模里西斯超遠的國家念書，雖然每年還是被爸爸叫回模里西斯探親，但對模里西斯就是沒有依戀。

對我來說，就是被叫回家的概念而已。我也沒想過踏出舒適圈，雖然在我離開的十年之間，模里西斯的變化其實超級大。

然而，隨著年紀增長，有了家庭有了小孩，我這才開始懂得珍惜——卻往往是失去之後。

老實說，我模里西斯籍的爸爸是個奇葩。他的人生經歷和為人處事足夠寫一本很精彩的自傳，我也從他身上感受到他對家鄉模里西斯的愛。

我爸爸超級好客，總是不吝嗇地邀請每個他認識的人來模里西斯玩，但他離開得太突然，沒有任何交代。我內心深處知道，爸爸其中一個遺願是推廣模里西斯，把自己家鄉的美，讓更多人知道，那是他一直樂在其中的事。

曾經我以為，開了一間和模里西斯相關的咖啡廳就是推廣；曾經我也以為，以我對模里西斯的了解開開模里西斯分享會就是推廣，卻總是心有餘而力不足，畢竟那時的心態是抱著完成爸爸遺願的出發點來做。直到因緣際會，媽媽頂下了一家模里西斯的地接社，我才真正踏進了模里西斯旅遊的領域，才有能力幫忙訂旅館、安排行程，真正把人送到模里西斯，讓大家親自感受模里西斯之美！

這番契機讓我對模里西斯徹底改觀。沒錯，模里西斯真的很美，由於曾被法國殖民，從很久以前不用宣傳就已經是歐洲人的後花園與度假天堂，但因為我腦海裡存

著都是成長過程中的刻板印象，口中敘述出來的模里西斯其實很膚淺。

然而，隨著地接社需要不斷考察、東西南北地跑、不斷拜訪活動廠商，不斷地與模里西斯人互動與連結，我從推廣用心蛻變成了用「心」推廣，打心底愛上了模里西斯，開始和模里西斯產生了很深層的連結。

慢慢地，我愈來愈理解爸爸對模里西斯的熱愛了，這是我爸爸的家鄉，也是我的家。我找回了自己對模里西斯的歸屬感，也找到了成就感。我深深感受到，能夠推廣模里西斯是我此生無比的驕傲。

好幾年了，我透過臉書粉專貼文介紹模里西斯，不管大家是否有機會前往模里西斯旅遊，我都想讓大家知道世界上有這麼一個國家，它是如此特別、如此令人著迷。另一方面，雖然這幾年我開了無數場分享會，受邀前往許多機構演講，介紹模里西斯的官網也做了出來，但總覺得少了點什麼，能講的總是有限。

直到時報編輯詠瑜聯絡上我，問我有沒有興趣寫一本關於模里西斯的書。必須說，當下我真的覺得天上下了一道光在我頭上，內心的缺角頓時填滿。縱使那時我完全還沒開始寫，甚至連寫不寫得出來都不知道。

但寫這本書的意義，無疑是我推廣模里西斯的路上一個很重要的里程碑。

模里西斯對亞洲人而言是個很陌生的國家，大家對它的認知不是完全沒聽過，就是僅僅知道它是可以設立境外公司的節稅天堂。網路搜尋通常也只把模里西斯定位在蜜月的度假島嶼之一。我原本覺得模里西斯得天獨厚的自然風光就相當足夠，可是其實模里西斯人的純樸樂觀、多重文化氛圍造就而成的繽紛面貌，才是讓人感受到模里西斯魔力之處。我想寫這本書的初衷，就是想把這份魔力傳出去，讓更多人知道模里西斯！希望有一天大家都能踏上模里西斯，親身感受它的美！

我不像地理課本那樣平鋪直敘介紹模里西斯，也不像旅遊攻略那樣分析哪個活動ＣＰ值最高、哪家網紅餐廳值得去，因為我認為旅行方式不只一種，而不管用哪種方式旅行，透過書，大家都將知道遙遠的印度洋南端有這麼一個天堂島嶼國家，它的多重文化非常迷人、多元種族非常有趣，島上有著很多令人嚮往的故事。

我期許每一位讀者都可以透過這本書真正認識模里西斯，深信這本書不但能讓人對模里西斯有所了解，也會讓人開始嚮往它，哪一天有機會親自探訪模里西斯時，更會不由自主地愛上它。

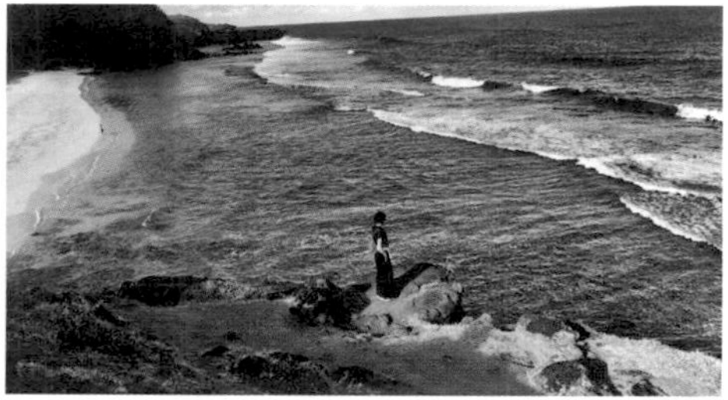

ACROSS 076

模里西斯我的家：揭開神祕面紗！天堂島嶼的81個夢幻美景與文化趣聞

作　　者—Cindy Koon
責任編輯—陳詠瑜
校　　對—闕若婷
地圖繪製—廖于婷
行銷企劃—林欣梅
圖片提供—Jully Chang（一二四頁上、一二五頁下、一四一頁）
攝影感謝—Daniel Toro（二十八頁、三十三頁上、一一五頁、一四四頁左上、一四五頁右上、一四六頁右中&右下、一四八頁上、一四九頁下&右中、一五〇頁上、一五一頁右上&中上&中&左上）
內頁設計—FE工作室
封面設計—FE工作室
總 編 輯—胡金倫
董 事 長—趙政岷
出 版 者—時報文化出版企業股份有限公司
一〇八〇一九臺北市和平西路三段二四〇號三樓
發行專線：（〇二）二三〇六—六八四二
讀者服務專線：〇八〇〇—二三一—七〇五（〇二）二三〇四—七一〇三
讀者服務傳真：（〇二）二三〇四—六八五八
郵撥：一九三四四七二四時報文化出版公司
信箱：一〇八九九臺北華江橋郵局第九九信箱
時報悅讀網—http://www.readingtimes.com.tw
電子郵件信箱—newstudy@readingtimes.com.tw
時報出版愛讀者粉絲團—https://www.facebook.com/readingtimes.2
法律顧問—理律法律事務所陳長文律師、李念祖律師
印　　刷—華展印刷有限公司
初版一刷—二〇二三年十一月二十四日
初版三刷—二〇二四年一月二十三日
定　　價—新臺幣三八〇元

時報文化出版公司成立於一九七五年，
一九九九年股票上櫃公開發行，二〇〇八年脫離中時集團非屬旺中，
以「尊重智慧與創意的文化事業」為信念。

模里西斯我的家：揭開神祕面紗！天堂島嶼的81個夢幻美景與文化趣聞/Cindy Koon著. -- 初版. -- 臺北市：時報文化出版企業股份有限公司, 2023.11
160　面；21*14.8公分. -- (Across；76)
ISBN 978-626-374-522-3(平裝)

1.CST: 旅遊 2.CST: 模里西斯

769.39　　112017678

ISBN 978-626-374-522-3
Printed in Taiwan